Dathlu Tywysogion Cymru

Elin Meek

GWASG CARREG GWALCH

Teuluoedd Brenhinol Cymru

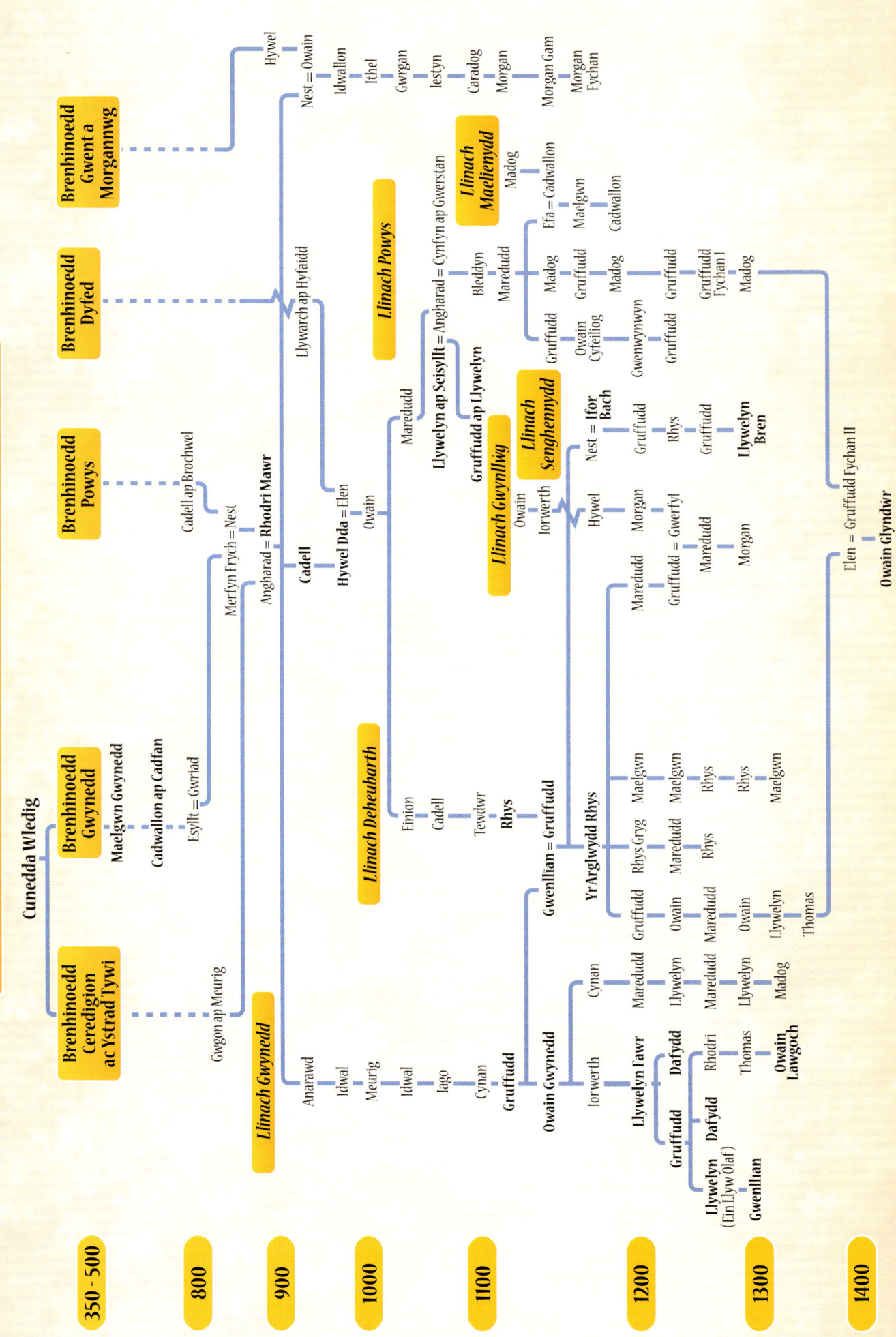

350 - 500

Cunedda Wledig

800

Brenhinoedd Ceredigion ac Ystrad Tywi

Brenhinoedd Gwynedd

Maelgwn Gwynedd

Cadwallon ap Cadfan

Esyllt = Gwriad

Brenhinoedd Powys

Cadell ap Brochwel

Brenhinoedd Dyfed

Brenhinoedd Gwent a Morgannwg

Hywel

Gwgon ap Meurig

Merfyn Frych = Nest

Llywarch ap Hyfaidd

Nest = Owain
Idwallon
Ithel
Gwrgan
Iestyn
Caradog
Morgan
Morgan Gam
Morgan Fychan

900

Llinach Gwynedd

Anarawd
Idwal
Meurig
Idwal
Iago
Cynan
Gruffudd
Iorwerth
Owain Gwynedd

Angharad = **Rhodri Mawr**

Cadell

Hywel Dda = Elen

Owain

Maredudd

Llinach Powys

Llinach Maelienydd

Madog
Efa = Cadwallon
Maelgwn
Cadwallon

1000

Llinach Deheubarth

Einion
Cadell
Tewdwr
Rhys
Gwenllian = **Gruffudd**
Yr Arglwydd Rhys

Llywelyn ap Seisyllt = Angharad = Cynfyn ap Gwerstan

Bleddyn
Maredudd

Madog
Gruffudd
Madog
Gruffudd
Gruffudd Fychan I
Madog

Gruffudd
Owain Cyfeiliog
Gwenwynwyn
Gruffudd

Llinach Gwynlliwg

Llinach Senghennydd

Gruffudd ap Llywelyn

Owain
Iorwerth

Nest = Ifor Bach

Hywel
Morgan
Gruffudd = Gwerfyl
Maredudd
Morgan

Gruffudd
Rhys
Gruffudd
Llywelyn Bren

1100

Gruffudd
Rhys Gryg
Maredudd
Rhys
Rhys
Maelgwn
Maelgwn
Rhys
Maelgwn

1200

Maredudd
Owain
Llywelyn
Thomas

Cynan
Llywelyn
Maredudd
Llywelyn
Madog

Llywelyn Fawr

Gruffudd **Dafydd**
Rhodri
Thomas

Dafydd
Llywelyn (Ein Llyw Olaf)
Gwenllian

Owain Lawgoch

1300

Elen = Gruffudd Fychan II

1400

Owain Glyndwr

Ar ôl John Davies, 1990

Cynnwys

Teuluoedd Brenhinol Cymru	2
Pwy sy'n perthyn i bwy mewn teulu	4
Y Tywysogion a ni	5
Y Brythoniaid	6
Cunedda Wledig	7
Maelgwn Gwynedd	8
Cadwallon ap Cadfan	10
Codi Clawdd Offa	12
Rhodri Mawr	14
Y Llychlynwyr	15
Hywel Dda	16
Gruffudd ap Llywelyn	20
Gruffudd ap Cynan	22
Y Mers	24
Y Normaniaid	26
Castell Pren Mwnt a Beili	27
Gwenllïan ferch Gruffudd ap Cynan	28
Ifor Bach	30
Castell Cerrig Normanaidd	31
Gweithgaredd Llunio Arfbais	32
Enwau'r Cymry	33
Owain Gwynedd	34
Yr Arglwydd Rhys	36
Arwyr ein Gwlad (gweithgaredd)	39
Gerallt Gymro	40
Taith Gerallt a Mynachlogydd	42
Dyddiadur Crwydro (gweithgaredd)	43
Mynachod a Lleianod	44
Abaty Glyn-y-groes	45
Llywelyn Fawr	46
Rhai o Brif Gestyll y Cymry	49
Gruffudd ap Llywelyn	50
Llywelyn ap Gruffudd (Ein Llyw Olaf)	51
Cytundeb Trefaldwyn 1267	55
Cytundeb Aberconwy 1277	56
Gwenllïan ferch Llywelyn Ein Llyw Olaf	56
Symud o Lan-faes, 1301	58
Talacharn – cerdded y terfyn	59
Llywelyn Bren	60
Newyddion gwael y 14eg ganrif	62
Cerddi Cofnodi (gweithgaredd)	63
Brwydr Moel y Don	63
Owain Lawgoch	64
Adeiladu catapwlt (gweithgaredd)	66
Gweithgaredd Gwisgoedd	67
Owain Glyndŵr	68
Cestyll Oes Owain Glyndŵr	70
Gwrthryfel Glyndŵr	72
Dyddiadur Owain Glyndŵr	74
Pennal – llythyr at Frenin Ffrainc	76
Mynegai	78

Pwy Sy'n Perthyn i Bwy Mewn Teulu

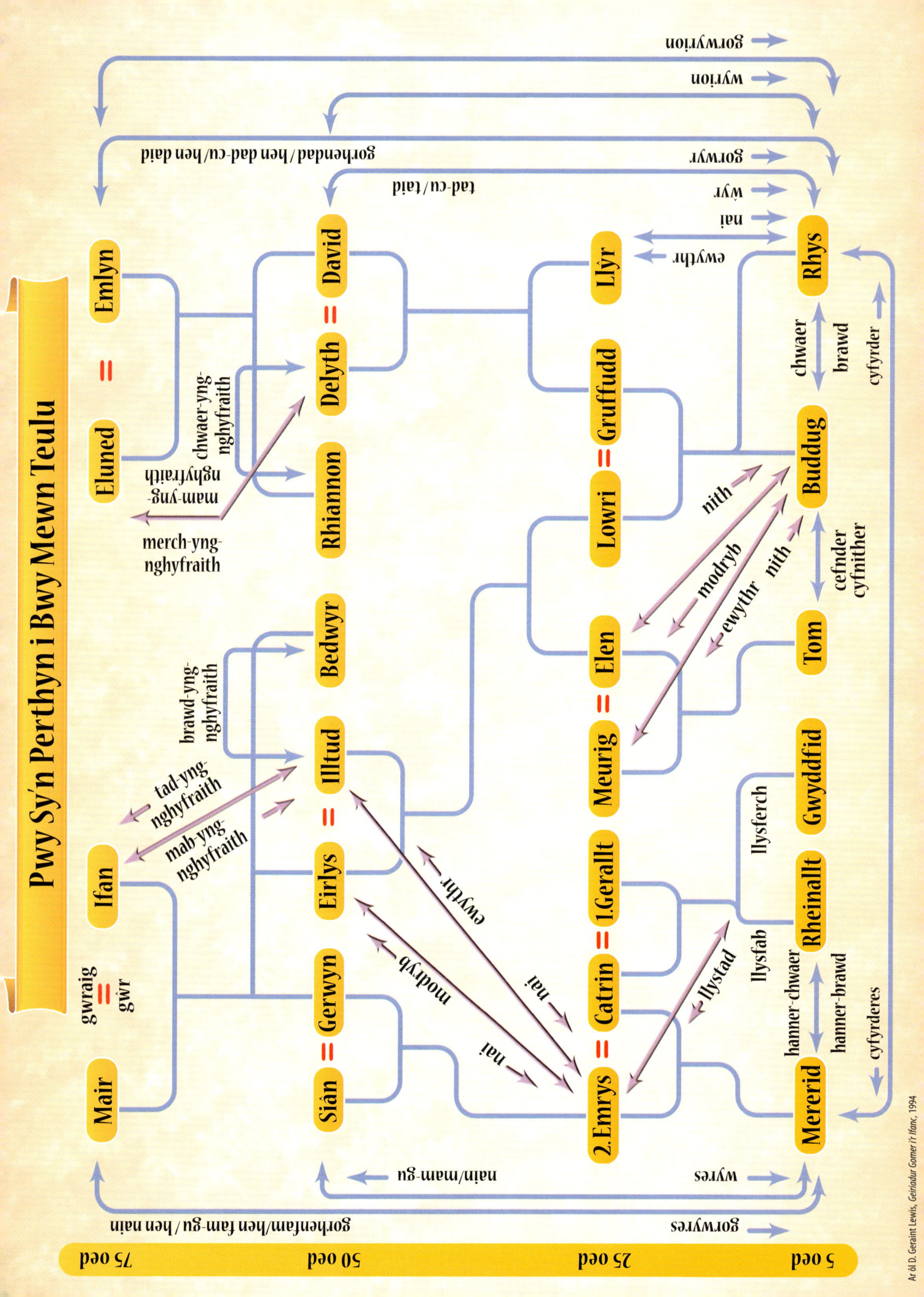

Y Tywysogion a Ni

Rhyfedd meddwl bod dy gyndeidiau a chyn-neiniau o gwmpas yn ystod oes y tywysogion. Efallai bod rhywun yn perthyn i ti wedi clywed Llywelyn ein Llyw Olaf yn siarad neu wedi brwydro wrth ochr Owain Glyndŵr. Rhywun oedd yn edrych yn debyg i ti, yn chwerthin yn debyg i ti.

Mae hanes wrth ein traed, ac mae pob teulu yn llawn hanesion, yn llawn storïau difyr. Ond sut mae dod i wybod rhagor am y teulu a chreu siart achau?

1. I ddechrau, ysgrifenna enwau pob aelod o'r teulu rwyt ti'n gwybod amdanyn nhw.

2. I gael gwybod rhagor, mae'n werth cael sgwrs â'r perthynas hynaf sydd gennyt ti i gael gweld pwy a beth maen nhw'n ei gofio. Efallai y clywi di nifer o hanesion diddorol!

3. Ar ôl i ti gasglu rhai enwau, ceisia weld sut mae pawb yn perthyn i'w gilydd, gyda help un o'th berthnasau. Edrych ar y siart yma i gael gweld sut mae rhoi ach at ei gilydd.

4. Os wyt ti'n gwybod enwau rhai o'th berthnasau, mae gwefannau fel www.ancestry.co.uk yn ddefnyddiol iawn i ddod o hyd i gofnodion amdanyn nhw, e.e. manylion cyfrifiad.

Ond bydd yn ofalus . . .

Mae'n bwysig i ti sylweddoli na fydd pawb eisiau siarad am eu teulu. Efallai bod cweryl wedi bod ag aelodau o'r teulu, efallai fod tor-priodas wedi digwydd neu efallai fod rhai plant siawns yn y teulu (wedi'u geni y tu allan i briodas; doedd hyn ddim yn dderbyniol i rai pobl ers llawer dydd).

Teulu Ceri*

Dyma enghraifft o goeden deulu syml. Nid oedd gofod i nodi brodyr, chwiorydd a pherthnasau eraill na llawer o wybodaeth bwysig arall.

Robert ap Morris = **Lowri verch Lewis ap Ieuan Dafydd**
Llanfrothen — *Ffestiniog*
?–1576

Morgan Parry = **?**
(iwmon) *Llanwnda*
1679–1761

John Morgan = **Jane Owen**
(iwmon) *Llanwnda* — ?–1810
?–1765

John Jones = **Mary Humphrey**
(amaethwr) *Betws Garmon* — 1781–1831
1757–1838

Owen Jones = **Jane (Siân) Jones**
(crydd) — 1806–1897
Waunfawr
1802–1884

Robert Owen Jones = **Ellen (Elin) Humphreys**
(perchennog siop) — (rheolwr siop)
Waunfawr — ?–1936
1840–1921

John Eryri Jones = **Margaret Jones**
(perchennog siop ddillad) — (siopwraig)
Bangor — 1880–1946
1886–1970

Alun Eryri Jones = **Hulena Hughes Jones**
(rheolwr banc) — (nyrs / gwraig tŷ)
Rhyl / Bangor — 1923–2002
1920–1991

Gordon Alderson Jones = **Cerinwen Eryri Jones**
(golygydd llyfrau) — (nyrs)
Aberystwyth — 1954– *
1953–

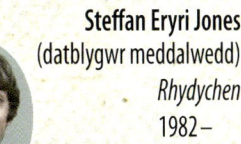

Steffan Eryri Jones   **Adrian Meilyr Jones**
(datblygwr meddalwedd)   (cerddor)
Rhydychen   *Caerdydd*
1982–   1987–

Y Brythoniaid

Roedd y Brythoniaid yn byw ym Mhrydain pan gyrhaeddodd y Rhufeiniaid yn 43 OC. Roedden nhw'n siarad iaith o'r enw Brythoneg. Mae'r iaith Gymraeg yn dod o'r Frythoneg. Pan adawodd y Rhufeiniaid Brydain yn 383, cafodd Prydain ei gadael yng ngofal llawer o benaethiaid y Brythoniaid. Roedd Padarn Beisrudd, tad-cu Cunedda Wledig, yn un o'r rhain.

Carreg Tywyn yn eglwys Sant Cadfan, Tywyn, ac arni'r enghraifft gynharaf o'r Gymraeg ysgrifenedig.

Yr Hen Ogledd

Yr Hen Ogledd oedd enw'r Cymry ar diroedd y Brythoniaid yng Ngogledd Lloegr a De'r Alban. Ar ôl i'r Rhufeiniaid ymadael yn 383, roedd llawer o deyrnasoedd yno ag enwau fel Rheged, Elfed a Manaw Gododdin. Yn raddol, concrodd y Sacsoniaid a'r Gwyddelod y tiroedd hyn.

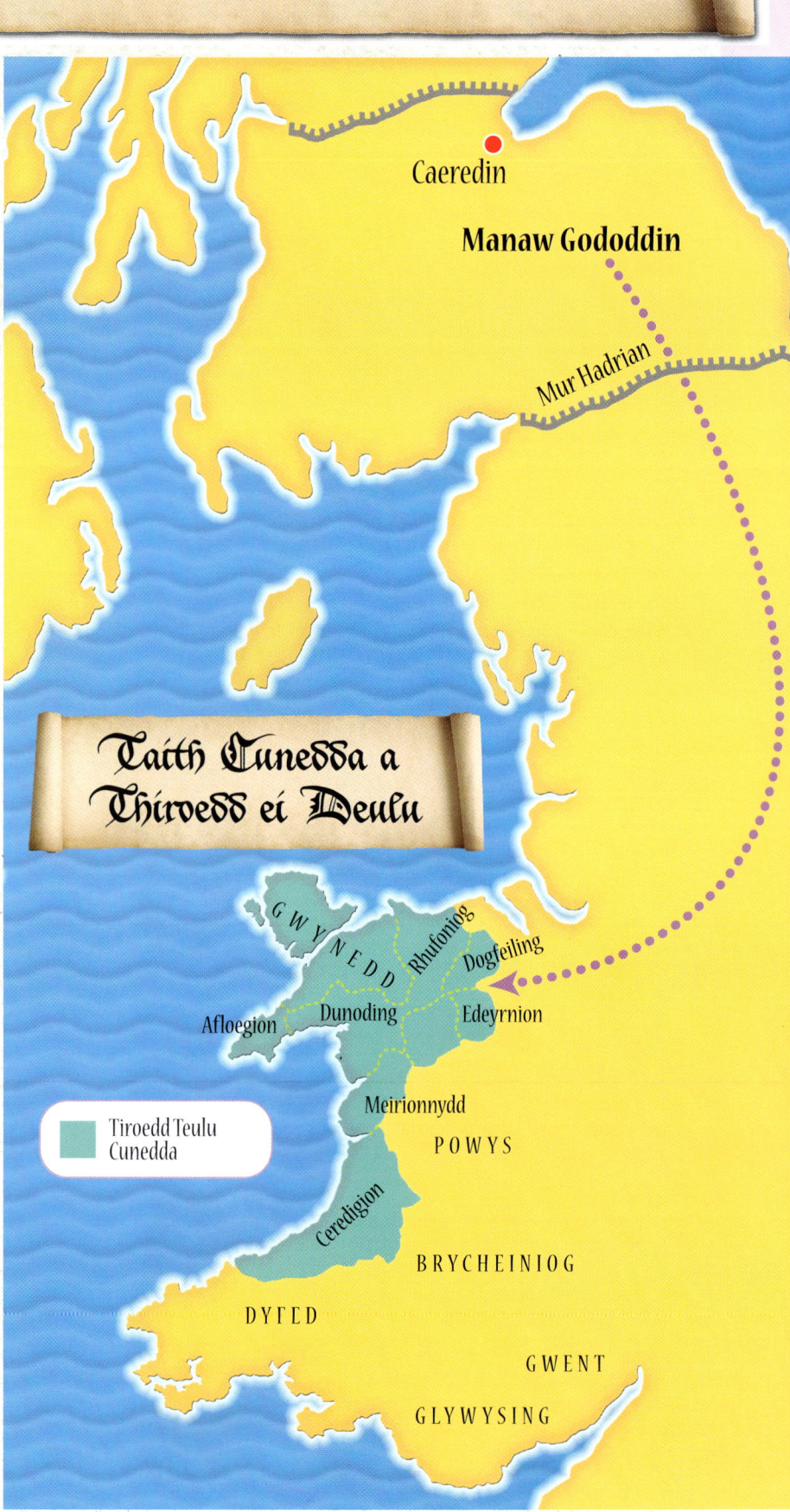

Taith Cunedda a Thiroedd ei Deulu

- Caeredin
- Manaw Gododdin
- Mur Hadrian
- GWYNEDD
- Rhufoniog
- Dogfeiling
- Afloegion
- Dunoding
- Edeyrnion
- Meirionnydd
- POWYS
- Ceredigion
- BRYCHEINIOG
- DYFED
- GWENT
- GLYWYSING

Tiroedd Teulu Cunedda

Cunedda Wledig
(Rhywbryd rhwng 370 a 450)

Un o benaethiaid yr Hen Ogledd oedd Cunedda Wledig ond daeth cais iddo fynd i Ynys Môn. Roedd angen help i gael gwared ar y Gwyddelod oedd yn ymosod yno. Aeth Cunedda gyda'i fyddin, saith o'i feibion ac un o'i wyrion i ogledd Cymru tua 380 neu 430 ac ymlid y Gwyddelod yn ôl i Iwerddon. Wedyn, sefydlodd Cunedda deyrnas Gwynedd.

Mae'n debyg fod sawl rhan o Gymru wedi'u henwi ar ôl meibion Cunedda. Er enghraifft Ceredigion (Ceredig), Edeirnion (Edern), Rhufoniog (Rhufon), Cafflogion yn Llŷn (Afloeg). Mae Meirionnydd wedi'i enwi ar ôl ei ŵyr, Meirion. Efallai i frwydr ddigwydd yn Allt Cunedda ger Cydweli. Ystyr 'Gwledig' yn ei enw yw Arglwydd, tywysog neu reolwr.

Pam roedd Cunedda Wledig yn bwysig?
- Cunedda Wledig sefydlodd deyrnas Gwynedd. Fe fyddwn ni'n gweld bod llawer o dywysogion pwysig Cymru'n dod o Wynedd.

Neges i Cunedda, 430

Eisteddai Cunedda yn ei lys ym Manaw Gododdin, yr Hen Ogledd. Roedd hi'n fore braf, tawel yn y flwyddyn 430 a'r niwl yn dechrau codi o'r dyffryn islaw. Wrth edrych dros ei diroedd, teimlai Cunedda'n hapus iawn. Roedd yn bennaeth uchel ei barch a'r Brythoniaid i gyd yn ei edmygu. Erbyn hyn roedd ganddo feibion ac wyrion a'r rheini hefyd yn rhyfelwyr dewr. Doedd dim rhyfedd ei fod yn teimlo'n fodlon ei fyd.

Torrwyd ar y tawelwch pan ddaeth un o'i weision ato ar frys:

"Mae negesydd yma i'ch gweld chi, arglwydd," meddai'r gwas.

"Negesydd?" gofynnodd Cunedda'n syn. Doedd e ddim yn disgwyl neges o unman. "O ble, wyddost ti?"

"O Ynys Môn ddwedodd e," atebodd y gwas.

"Wyt ti wedi rhoi bwyd a diod iddo?" gofynnodd Cunedda.

"Ydw, fe lowciodd y cyfan fel anifail gwyllt," meddai'r gwas a gwên ar ei wyneb.

"Gwell i ti ei wahodd i mewn, felly," meddai Cunedda.

Daeth y negesydd i mewn. Roedd yn amlwg wedi blino'n lân, y wisg wlanen amdano'n anniben a'i draed noeth yn edrych yn boenus.

"Henffych well," cyfarchodd y negesydd ef a'i wynt yn ei ddwrn. "Mae gen i neges bwysig i ti."

"Dywed beth yw dy neges," gorchmynnodd Cunedda.

"Mi ges fy anfon yma o Ynys Môn," meddai'r negesydd. "Dwi wedi treulio'r dyddiau diwethaf ar long i gyrraedd yr arfordir, wedyn rhedais bob cam yma."

"Beth yw'r brys, felly?" holodd Cunedda.

"Mae'r ardal mewn perygl. Ers i'r Rhufeiniaid ymadael, mae'r Gwyddelod wedi bod yn dod o Iwerddon ac ymosod arnon ni drwy'r amser. Maen nhw'n llosgi ein tai, yn mynd â'n plant yn gaethweision ac yn dwyn ein trysorau. Does dim pall ar y paganiaid. Does dim parch gyda nhw at Gristnogion fel ni. Wnei di ddod i'n harwain ni yn y frwydr yn eu herbyn? Heb dy help di, fe gollwn ni ein tiroedd i gyd a bydd y paganiaid yn rheoli."

Roedd Cunedda wedi synnu, mor annisgwyl oedd y neges. Roedd wedi clywed nad oedd pethau'n dda mewn sawl man ym Mhrydain, ond roedd y sefyllfa'n amlwg yn druenus. Roedd hi'n argyfwng yno ac roedd yn rhaid iddo ddod i benderfyniad yn syth. Diolchodd Cunedda i'r negesydd a gofyn iddo aros am y neges i'w chario'n ôl i Ynys Môn.

Er bod Cunedda ar ben ei ddigon yn yr Hen Ogledd, chymerodd hi ddim llawer o amser iddo benderfynu: byddai'n mynd gyda'i deulu a'i fyddin i ymladd yn erbyn y Gwyddelod. Roedd hi'n ddyletswydd arno i warchod Prydain rhag y paganiaid.

* * *

Ymhen rhai blynyddoedd, edrychai Cunedda o'i lys ar fynyddoedd Eryri o'i gwmpas a meddwl sut roedd pethau wedi newid. Roedd cymaint wedi digwydd ers y diwrnod hwnnw pan ddaeth y negesydd ato yn yr Hen Ogledd. Ar ôl cyrraedd Ynys Môn a brwydro'n ffyrnig, roedd ef a'i feibion wedi llwyddo i ymlid y Gwyddelod o'r ardal. Ac ar ben hynny, roedd Cunedda wedi sefydlu teyrnas newydd yno – Gwynedd. Unwaith eto, roedd yn fodlon ei fyd.

Maelgwn Gwynedd
Un Wlad, Un Brenin, 520

Roedd llinell wen o ewyn i'w gweld allan yn y bae erbyn hyn.

Roedd llinell arall i'w gweld ar y traeth – llinell o gadeiriau'n wynebu'r môr ar hyd y tywod. Cadeiriau mawr, cerfiedig o'r derw gorau oedd y rheini – yn cystadlu â'i gilydd am y mwyaf, am y talaf.

"Mae'r llanw wedi troi!" gwaeddodd rhywun ar y traeth.

Aeth ton o gyffro drwy'r cwmni ar y traeth. Fyddai dim rhaid disgwyl yn hir iawn eto.

Aflonyddodd ambell ŵr ar ei sedd. Roedd golwg bryderus ar sawl wyneb. Eisteddai rhai yn ôl, gan godi'u traed yn uwch, yn reddfol.

Dynion pwysig yr olwg, mewn dillad lliwgar, drud, oedd y gwŷr ar y cadeiriau. Gwisgai ambell un goron neu gadwyn drom; roedd mwynau gloyw a gwerthfawr wedi'u gosod yng ngwaith pren rhai o'r cadeiriau. Safai gweision mewn lifrai yn dal baneri y tu ôl i bob cadair.

Nid cadeiriau cyffredin oedd y rhain ar y traeth – gorseddau oedden nhw. Nid baneri cyffredin oedd yn cyhwfan yn y gwynt a godai y tu ôl i'r llanw chwaith – arfbeisiau oedden nhw. Ac nid dynion cyffredin oedd y gwŷr barfog, pwysig yr olwg – ond brenhinoedd.

Dechrau'r chweched ganrif oedd hi – tua 520 – a thraeth Aberdyfi yng nghanolbarth Cymru oedd y lleoliad. Bu glannau afon Dyfi'n fan cyfleus i sawl cyfarfod rhwng tywysogion a brenhinoedd Cymru ar hyd yr oesoedd, a dyna oedd ar droed y diwrnod arbennig hwnnw.

Roedd sawl teyrnas wedi'u sefydlu yng Nghymru ar ôl ymadawiad y Rhufeiniaid ac roedd ffraeo a checru cyson rhyngddynt a'i gilydd. Roedd gelynion mwy peryglus ar y gorwelion o hyd – lluoedd paganaidd oedd yn barod i ymosod a dwyn darnau helaeth o'r wlad. Penderfynwyd bod angen un llais i arwain holl frenhinoedd Cymru – un uwch-frenin y byddai pawb arall yn ufuddhau iddo.

Galwyd ar frenin pob talaith yng Nghymru i ymgynnull ar draeth Aberdyfi i ddangos ei ddewrder yn wyneb llanw'r môr. Y sialens oedd dal i eistedd ar orsedd er gwaethaf bygythiad y tonnau'n codi o'u cwmpas ar y traeth. Yr olaf i godi oddi ar ei sedd a ffoi am y tir fyddai uwch-frenin brenhinoedd y Cymry.

Roedd y tonnau'n gwlychu traed y rhes gorseddogion erbyn hyn. Penderfynodd y gweision gilio gyda'u baneri gan adael eu brenhinoedd i edrych yn bryderus ar y dŵr yn dringo'n uwch i fyny'r cadeiriau trwm.

Ond roedd un brenin yn gwenu'n braf. Roedd ei weision ef wedi cario gorsedd wahanol iawn i'r traeth ac roedd amryw o'r brenhinoedd eraill wedi glaswenu'n ddirmygus wrth weld yr olwg oedd arni. Gorsedd o blu gwyn yn cael eu dal wrth ei gilydd gan gŵyr oedd hon. Gorsedd wen, flêr yr olwg – gorsedd anaddas iawn i rywun mor bwysig â brenin eistedd arni, yn eu tyb nhw.

Wrth i'r llanw godi at yddfau'r brenhinoedd eraill, gwelodd pob un ohonyn nhw fod un fantais fawr gan yr orsedd flêr, serch hynny – roedd honno'n nofio'n braf ar wyneb y môr, a doedd Maelgwn Gwynedd, y brenin cyfrwys a eisteddai arni, o'r braidd wedi gwlychu ei ddillad eto.

Fesul un, bu'n rhaid i'r brenhinoedd eraill ffoi am eu bywydau oddi ar eu gorseddau ysblennydd. Maelgwn Gwynedd, o'i lys yn Neganwy, a gyhoeddwyd yn uwch-frenin y Cymry – y brenin a enillodd frwydr gyda chymorth sachaid o blu!

Yr olygfa o Gastell Deganwy

Pam roedd Maelgwn Gwynedd yn bwysig?
♛ Daeth yn brif frenin Cymru yn y chweched ganrif ac, oherwydd hyn, daeth y syniad o Gymru fel un wlad yn bwysig am y tro cyntaf.

Maelgwn Gwynedd
(490–549)

Cunedda Wledig (t. 7) oedd hen daid Maelgwn Gwynedd. Aeth Maelgwn i'r ysgol yn Llancarfan neu Lanilltud Fawr (ym Morgannwg) i fod yn fynach – roedd yn yr ysgol yr un pryd â Deiniol Sant. Newidiodd ei feddwl a phenderfynu bod yn frenin yn lle hynny. Yn anffodus, roedd ei ewythr ar yr orsedd ar y pryd. Felly, gan ei fod yn ddyn penderfynol iawn, diorseddodd ei ewythr a dod yn frenin yn ei le. Hefyd, llwyddodd i goncro brenhinoedd eraill Cymru a chael ei alw'n ddraig neu'n ben-frenin. Efallai mai yn Ninarth, ger Deganwy, y mae Llys Maelgwn. Mae sôn bod Maelgwn wedi bod yn hael iawn wrth yr Eglwys ac iddo roi'r gaer Rufeinig i Cybi godi eglwys, a thir i Deiniol sefydlu eglwys Bangor. Roedd yn ddyn tal iawn a Maelgwn Hir oedd yr enw arall arno. Mae'n debyg iddo gael ei ladd gan bla – 'Y Fad Felen'. Yn ôl y chwedl, gwelodd y Fad Felen yn syllu arno drwy dwll y clo yn nrws yr eglwys cyn syrthio'n farw.

Uwchben Aberdyfi

Cadwallon ap Cadfan
Brwydr Meigen, 633

Roedd yr haul yn dechrau machlud, a gallai Cadwallon weld bod ei filwyr wedi blino. Roedd rhai'n edrych wedi ymlâdd. Chwarae teg, roedden nhw wedi bod yn martsio ers toriad gwawr, felly roedd hi'n hen bryd iddyn nhw wersylla am y nos. Rhoddodd orchymyn i bawb aros a sefydlu gwersyll. Gollyngodd y milwyr eu harfau a rhoi ochenaid o ryddhad.

Byddai Cadwallon ei hun wedi gallu martsio drwy'r nos, neu felly roedd e'n teimlo, o leiaf. Fyth ers iddo golli brwydr ffyrnig yn Rhos, ger Eglwys-bach, a gweld Gwynedd yn syrthio i ddwylo Edwin, brenin Northumbria, roedd Cadwallon wedi bod yn ysu am ddial arno. Buasai'n rhaid iddo ffoi i Iwerddon ar ôl y frwydr, a chawsai saith mlynedd hir i gynllunio sut i adennill Gwynedd. Bellach roedd hi'n 633 ac ar ôl ennill brwydrau yng Ngwent a Chaerfyrddin, roedd Cadwallon yn barod i wynebu Edwin eto.

Doedd e ddim ar ei ben ei hun, chwaith. Roedd Penda, brenin teyrnas Seisnig Mersia, wedi cytuno i ymladd gydag ef gan fod Edwin wedi bod yn dwyn rhannau o'i diroedd yntau hefyd. Gorau po fwyaf o filwyr fyddai'n wynebu byddin Edwin, meddyliodd Cadwallon yn chwerw. Allai e ddim fforddio colli brwydr arall yn ei erbyn. Roedd yn rhaid curo Northumbria, unwaith ac am byth.

Chysgodd neb yn dda y noson honno. Gwyddai pawb eu bod o fewn tafliad carreg i faes y gad, sef Meigen, ychydig i'r gogledd o Doncaster. Troi a throsi buon nhw tan i rimyn golau'r wawr ddod i'r golwg yn y dwyrain. Wedyn, cododd pawb yn dawel, dechrau ffurfio rhesi a pharatoi i wynebu byddin Edwin.

Roedd maes y gad yn gorsiog iawn ac afon Don yn llifo'n uchel gerllaw. Gobeithio nad suddo yn y gors hon wnawn ni, meddyliodd Cadwallon. Na wnawn, siŵr, meddyliodd wedyn, rhaid bod yn bendant ac yn benderfynol. Ond roedd hi'n naturiol ei fod ar bigau'r drain; byddai'r ychydig oriau nesaf yn rhai tyngedfennol.

Daeth Edwin a'i feibion Osfrith ac Eadfrith i'r golwg, yn arwain byddin fawr o wŷr Northumbria. Edrychodd Cadwallon a Penda ar ei gilydd; roedd yr awr wedi dod o'r diwedd.

"I'r gad!" gwaeddodd Cadwallon, a rhuthrodd pawb ymlaen a dechrau ymladd. Roedd y sŵn yn ddychrynllyd: cleddyfau'n taro yn erbyn tariannau, gweiddi cyffrous, sgrechian annaearol milwyr wrth i waywffyn eu gwanu, a sŵn milwyr yn cwympo'n gelain ar y tir corsiog. A'r aroglau afiach – arogl llaid, chwys a gwaed – yn gymysg â'i gilydd.

Roedd y cyfan drosodd ymhell cyn machlud haul. Erbyn hynny, yr unig sŵn i'w glywed oedd crawcian cyffrous cigfrain yn neidio o un gelain i'r llall. Roedd hi'n ddiwrnod da i'r cigfrain a digon o gyrff i'w pigo. Ond roedd hi'n drychineb – i wŷr Northumbria. Cafodd Edwin ac Osfrith eu lladd, a llwyddodd Penda i gipio Eadfrith.

Roedd Cadwallon ar ben ei ddigon; roedd wedi dial ar Edwin ac wedi llwyddo i adennill Gwynedd o'r diwedd. Byddai'n anrheithio teyrnas Northumbria a gwneud yn siŵr na fyddai byth yn gallu bygwth Gwynedd eto.

Cadwallon ap Cadfan
(600–633)

Roedd Cadwallon yn un o ddisgynyddion Maelgwn Gwynedd. Yn ystod y cyfnod hwn roedd brenhinoedd eraill y tu allan i Gymru'n ceisio ymosod ar Wynedd a theyrnasoedd eraill y wlad. Collodd Cadwallon frwydr bwysig yn erbyn Edwin, Brenin Northumbria, ger Eglwys-bach yn 625 a daeth Edwin yn frenin ar Wynedd. Bu'n rhaid i Gadwallon ffoi i Iwerddon. Mae'r stori'n adrodd hanes Cadwallon yn dychwelyd i ymladd yn erbyn Edwin ym mrwydr Meigen (Battle of Hatfield Chase yn Saesneg). Cafodd help Penda, brenin Mersia, i wneud hynny. Mae cerdd o fawl i Gadwallon ar ôl y frwydr hon yn cynnwys y gair 'Cymry', efallai am y tro cyntaf mewn barddoniaeth. Ar ôl brwydr Meigen, bu Cadwallon yn ymladd rhagor o frwydrau yn Northumbria, cyn cael ei ladd mewn brwydr yn Heavenfield, gan frenin Oswallt, brenin Brynaich. Cafodd Oswallt yntau ei ladd yng Nghroesoswallt yn 634, fel mae enw'r lle'n ei ddangos i ni.

Pam roedd Cadwallon ap Cadfan yn bwysig?
♛ Llwyddodd Cadwallon i amddiffyn Cymru rhag ymosodiadau yn y seithfed ganrif.

Teyrnasoedd y Brythoniaid

GWYNEDD Teyrnas Frythonig
MERSIA Teyrnas Seisnig
⚔ Brwydr

Dun Breatann (Dumbarton)
Din Eidyn (Caeredin)
GODODDIN
Metcaud (Lindisfarne)
YSTRAD CLUD
Bamburgh
BRYNAICH (Bernica)
RHEGED
Caerliwelydd
Penrith
Catraeth (Catterick)
NORTHUMBRIA
DEIFR
Efrog
ELFED
Deganwy
Bangor Rhos
Caer
Meigen (Hatfield Chase)
LINDSEY
GWYNEDD
Croesoswallt
MERSIA
Aberdyfi
EAST ANGLIA
CEREDIGION
POWYS
BRYCHEINIOG
DYFED
ERGING
GLYWYSING
GWENT
Caerloyw
ESSEX
Llundain
CAINT
Llancarfan
Caerfaddon
WESSEX
SUSSEX
DUMNONIA
CERNYW

Ar ôl William Rees, 1959 a John Davies, 1990

Codi Clawdd Offa
Tua 780

Wrth ddod allan o'i dŷ pren ym Mhowys un bore yn niwedd yr wythfed ganrif, cafodd Dafydd Goch dipyn o sioc. Gallai weld criw mawr o ddynion yn cerdded tuag ato yn y pellter.

"Beth yn y byd . . .?" meddyliodd. "Gobeithio nad milwyr Mersia ydyn nhw!"

Roedd Dafydd yn byw ar y ffin rhwng Powys a theyrnas Seisnig Mersia, felly roedd ar bigau'r drain drwy'r amser. Roedd tipyn o ymladd rhwng Powys a Mersia ac roedd yn poeni y gallai milwyr Mersia groesi dros y ffin ryw ddiwrnod, a llosgi ei gartref yn ulw. Edrychodd eto, a sylweddoli bod y dynion wedi aros a ffurfio rhes hir.

"Arswyd y byd!" meddyliodd Dafydd. "Maen nhw'n paratoi i ymosod!"

Roedd ar fin rhedeg i mewn i rybuddio ei wraig pan welodd fod y dynion yn plygu. Craffodd eto, a gweld bod rhaw fawr gan bob un. Dyma nhw'n dechrau palu ffos ddofn, a thaflu'r pridd i'r dde bob tro.

"Beth sy'n digwydd?" meddai Dafydd Goch wrtho'i hun. Wrth i'r dynion balu, roedd twmpathau o bridd yn codi wrth ymyl y ffos. Cyn hir, roedd y twmpathau'n dod at ei gilydd, a sylweddolodd Dafydd beth oedd yn digwydd. Rhedodd i mewn i'w dŷ, a gweiddi'n gyffrous ar Mali, ei wraig: "Clawdd! Mae gwŷr Mersia'n adeiladu clawdd!"

"Beth ddwedaist ti?" meddai Mali mewn syndod. "Adeiladu clawdd? Ond pam?"

"Wel," atebodd Dafydd, "fe glywais i ryw sôn bod Offa, brenin Mersia, wedi cael llond bol ar wŷr Powys a Gwent yn ymosod ar Mersia drwy'r amser. Efallai mai dyma sut mae'n mynd i amddiffyn y ffin."

"Fe fydd hyn yn beth da i ni," meddai Mali. "Os ydyn nhw'n codi clawdd i ddangos ble mae'r ffin, fyddan nhw ddim yn ceisio ennill rhagor o dir ym Mhowys chwaith."

"Digon gwir," meddai Dafydd.

Dros y dyddiau a'r wythnosau nesaf, bu tipyn o fynd a dod wrth y clawdd. Bu'r dynion yn gweithio, gan balu'r ffos yn ddyfnach o hyd a chodi'r clawdd yn uwch o hyd. Clywodd Dafydd fod y clawdd yn ymestyn o'r môr yng ngogledd Cymru i'r môr yn ne Cymru a bod tyrrau pren mewn rhai mannau lle roedd milwyr Mersia'n gwylio. Roedd sôn hefyd fod gwŷr Mersia wedi dechrau torri clustiau unrhyw Gymro oedd yn mynd dros y clawdd. Felly, penderfynodd Dafydd Goch y byddai'n well iddo beidio mentro – ac aros lle roedd e!

Canolfan Clawdd Offa, Trefyclo

Clawdd Offa
Diwedd yr wythfed ganrif

Penderfynodd Offa, brenin Mersia (757–96), godi clawdd i amddiffyn ei deyrnas rhag ymosodiadau gan Bowys a theyrnasoedd eraill Cymru a rheoli'r mynd a dod rhwng Mersia a Chymru. Roedd hwn yn brosiect adeiladu enfawr – roedd y clawdd yn ymestyn am 226km. Roedd pob dyn yn Mersia'n gorfod gwneud gwaith i'r brenin bob blwyddyn, felly dyna sut cafodd y clawdd ei godi. Efallai bod ffens bren mewn rhai mannau sydd wedi diflannu erbyn heddiw, felly dyna pam mae rhai bylchau yn y clawdd. Mae'n debyg fod gwŷr Mersia'n torri clustiau pob Cymro oedd yn mentro dros y clawdd, a bod pob un o Mersia oedd yn dod drosodd i Gymru'n cael ei grogi.

Heddiw mae'n bosibl cerdded llwybr clawdd Offa ac ymweld â Chanolfan Clawdd Offa yn Nhrefyclo ym Mhowys, ar y ffin â Sir Amwythig.

Pam roedd clawdd Offa'n bwysig?
- Ar ôl codi clawdd Offa, roedd ffin bendant rhwng Cymru a Lloegr. Dyna un o'r rhesymau pam y datblygodd y ddwy wlad yn wahanol i'w gilydd.

Teyrnasoedd Cynnar 400-800

— Clawdd Offa

Clawdd Offa ger Llanandras

Ar ôl William Rees, 1959 a John Davies, 1990

Rhodri Mawr
Dathlu Camp Rhodri, 871

Roedd prysurdeb mawr yn llys Rhodri Mawr yng Ngwynedd un hwyr brynhawn yn 871, gweision yn symud meinciau yn y neuadd fawr a morynion yn dechrau paratoi'r byrddau. Roedd un gwas wrthi'n rhoi rhagor o goed ar y tân agored yng nghanol y llawr, fel bod y mwg yn codi'n golofn wen ac allan drwy'r twll yn y to. Deuai arogl bwyd yn donnau hyfryd o'r gegin.

Cyn hir, dechreuodd y neuadd lenwi. Yr uchelwyr ddaeth gyntaf, gan eistedd ar y meinciau wrth y byrddau hir. Yna, daeth gosgordd y brenin, y teulu, sef milwyr a swyddogion y llys. Roedd chwe mab Rhodri yn eu plith. Wedyn, daeth prif swyddogion y llys: y Penteulu, yr Offeiriad, y Distain, a'r Ynad. Eisteddodd y rhain wrth y bwrdd mawr, bob ochr i orsedd bren y brenin a chadair arbennig ei wraig, Angharad.

Roedd yr uchelwyr, pobl bwysig teyrnas Rhodri, yn fawr eu cyffro ac yn siarad fel melin bupur. Tybed pam roedd Rhodri Mawr wedi'u gwahodd i'r llys fel hyn? Roedd sôn bod rhywbeth pwysig wedi digwydd. Erbyn hyn roedd y byrddau'n llawn bwydydd blasus a digon o fedd a chwrw. Edrychai'r osgordd a'r prif swyddogion yn falch iawn; roedden nhw'n amlwg yn gwybod beth oedd gan Rhodri i'w gyhoeddi.

Safodd y Distain ar ei draed a gofyn i bawb ymdawelu a chodi. Cerddodd Rhodri ac Angharad i'r neuadd a sefyll wrth y bwrdd. Ar ôl i'r Offeiriad roi gweddi fer, dechreuodd Rhodri siarad:

"Croeso bawb i'r wledd arbennig hon. Mae'n hyfryd eich gweld i gyd. Fel y cofiwch chi, fe lwyddon ni i uno Gwynedd a Phowys ryw bymtheg mlynedd yn ôl, bellach. Wel, echdoe, digwyddodd brwydr rhwng ein milwyr ni a milwyr teyrnas Seisyllwg. Os na chlywoch chi'n barod, mae'n bleser gen i roi gwybod i chi mai ni enillodd y frwydr, a'n bod wedi cipio tir Seisyllwg. Felly, hoffwn gyhoeddi bod Gwynedd, Powys a Seisyllwg bellach yn un. Rydyn ni nawr yn rheoli talp mawr o ddaear Cymru!"

Dechreuodd pawb weiddi a churo dwylo. "Hir oes i'r Brenin Rhodri! Hir oes i Rhodri Mawr!"

Mawr fu'r dathlu yn llys Rhodri'r noson honno. Ar ôl y gwledda, daeth y cyfarwydd i adrodd storïau a'r beirdd i adrodd cerddi'n moli Rhodri am fod mor ddewr yn y frwydr ac mor hael yn y llys. Aeth y diddanwch ymlaen am oriau a chafodd pawb amser wrth eu bodd, a Rhodri Mawr yn fwy na neb. Wedi'r cyfan, roedd tiroedd Cymru bron i gyd o dan ei reolaeth erbyn hyn.

Gwledd yn Llys Rhodri Mawr

Bardd · Offeiriad · Penteulu · Rhodri · Angharad · Ynad · Distain · Meibion Rhodri · Cerddor · Gwerinwr · Milwr

Rhodri Mawr
(820–78)

Daeth Rhodri'n frenin Gwynedd yn 844, gan ddilyn ei dad, Merfyn Frych. Daeth yn frenin ar Bowys yn 856 a theyrnas Seisyllwg tua 871. Roedd ei wraig, Angharad, yn aelod o deulu brenhinol Seisyllwg.

Bu'n brysur fel milwr yn ymladd yn erbyn Saeson Mersia a oedd yn ymosod ar Bowys ac yn erbyn y Llychlynwyr a oedd yn ymosod o'r arfordir. Cafodd fuddugoliaeth fawr yn 856 pan laddodd Horm y Llychlynnwr ger Trwyn y Gogarth, Llandudno.

Efallai mai dyna pam y cafodd yr enw 'Mawr'. Yn Lloegr, yr Alban ac Iwerddon, lladdodd y Llychlynwyr nifer fawr o frenhinoedd, a chipio llawer o diroedd. Ond oherwydd dewrder Rhodri chawson nhw ddim gwneud hyn yng Nghymru. Er bod enwau Llychlynnaidd yng Nghymru, e.e. ynysoedd Skomer a Skokholm, ni lwyddodd y Llychlynwyr i ymsefydlu yma.

Cafodd Rhodri Mawr ei ladd mewn brwydr yn erbyn Saeson Mersia yn 878, a Gwriad, un o'i feibion hefyd. Wedi hynny, llwyddodd mab arall iddo, Anarawd, i drechu'r Saeson mewn brwydr o'r enw 'Dial Rhodri' ger Conwy. Anarawd a etifeddodd Wynedd a Phowys, ac etifeddodd ei frawd Cadell deyrnas Seisyllwg.

> ### Pam mae Rhodri Mawr yn bwysig?
> Mae Rhodri'n un o ddau frenin Cymreig sy'n cael eu galw'n 'Fawr'. Llwyddodd i wneud dau beth pwysig iawn:
> ♛ uno tair teyrnas bwysicaf Cymru: Gwynedd, Powys a Deheubarth.
> ♛ amddiffyn ei wlad yn erbyn y Saeson a'r Llychlynwyr.

Ynys Enlli

Ynys Dewi

Pwy oedd y Llychlynwyr?

Roedd y Llychlynwyr yn dod o ogledd Ewrop (Norwy, Denmarc, Sweden, a'r Ffindir heddiw). Paganiaid oedden nhw, a dechreuon nhw ymosod ar arfordir Cymru yn y nawfed ganrif.

Mae enwau lleoedd Norseg yn dangos iddyn nhw fod mewn rhai rhannau o Gymru: Swansea (Abertawe), o Sveinn (enw person) + ey (ynys). Hefyd, mae Anglesey (Môn) yn dod o Ongull (enw person) + ey (ynys). Mae enwau Saesneg ynysoedd Sgomer (Skomer), Enlli (Bardsey), Ynys Bŷr (Caldey) yn dod o'r Norseg yn wreiddiol.

Hywel Dda
Cyfraith i Gymru gyfan, tua 943

"Wyt ti wedi cofio dod â chopi o'n cyfreithiau ni?" gofynnodd Rhys ap Bedwyr i'w gyfaill, Tudur ab Owain. Roedd hi'n adeg y Grawys, rai wythnosau cyn y Pasg, ac roedd y ddau uchelwr o Gantref Mawr ar gefn eu ceffylau. Roedden nhw newydd adael Caerfyrddin ar eu ffordd i'r Hendy-gwyn ar Daf.

"Ydw, ydw," atebodd Tudur. "Fe gofiais ddod â nhw, paid â phoeni. Fe ddarllenais wahoddiad Hywel Dda unwaith eto cyn gadael Manordeilo'r bore 'ma. Mae e yma gyda fi yn fy llogell yn rhywle." Tynnodd Tudur ddarn o femrwn allan o'i boced a'i ddangos i Rhys:

'Cynulliad arbennig yn yr Hendy-gwyn ar Daf, y Grawys, 943, i roi trefn ar gyfreithiau Cymru. Angen cynrychiolwyr o bob cantref. Dewch â'ch cyfreithiau gyda chi. Hywel ap Cadell o Ddinefwr.'

"Mae sôn bod llawer o wŷr yr eglwys yn dod hefyd," meddai Rhys, "er mwyn gwneud yn siŵr fod y cyfreithiau'n dilyn y Beibl."

"Wrth gwrs hynny," meddai Tudur. "Gobeithio yr aiff popeth yn iawn, beth bynnag. Mae sôn bod gwŷr Gwynedd yn ansicr am yr holl syniad. Maen nhw'n poeni bod gormod o arferion y Gwyddelod gyda ni yma yn y Deheubarth. Fydden nhw ddim eisiau dilyn y rheini, medden nhw."

"Dwi ddim yn poeni gormod," meddai Rhys. "Dwi'n siŵr y bydd ynadon gorau llys Hywel yno. Fe wnân nhw'n siŵr mai dim ond y cyfreithiau gorau gaiff eu cynnwys."

"Wyt ti wedi gweld y darnau arian newydd?" gofynnodd Tudur wrth iddyn nhw nesáu at yr Hendy-gwyn ar Daf. "Mae un gyda fi fan hyn – edrych – mae HOVAEL REX arno, Hywel

Frenin yn Lladin."

"Dyna'r darn cyntaf i mi ei weld," meddai Rhys. "Ardderchog, wir. Fe fydd hi'n llawer haws talu â darnau arian na defnyddio gwartheg, oni fydd?"

"Bydd," cytunodd Tudur. "Edrych, weli di'r bobl draw ar y cae fan acw? Dyna'r cynulliad, dwi'n siŵr."

"Ie, rwyt ti'n iawn," meddai Rhys. "Maen nhw'n dechrau eistedd mewn cylch mawr, a Hywel Dda yn eu canol," meddai Rhys. "Brysia, dwi'n credu ein bod ni ychydig yn hwyr."

Rhoddodd y ddau sbardun i'w ceffylau, a charlamu tua'r cynulliad.

* * *

Ymhen rhai wythnosau, roedd y ddau uchelwr ar eu ffordd adref eto ar gefn eu ceffylau.

"Cynulliad da iawn," meddai Rhys, "fe gymerodd hi dipyn o amser, ond roedd hi'n werth bod yno."

"Oedd, yn wir," meddai Tudur.

"Mae gan Gymru gyfreithiau y gallwn ni i gyd fod yn falch ohonyn nhw. Rydyn ni'n maddau yn lle cosbi a chael pobl i dalu iawndal am wneud rhywbeth o'i le, yn lle dial arnyn nhw."

"Pa rai oedd dy hoff gyfreithiau di?" gofynnodd Rhys.

"Wel," atebodd Tudur. "Roeddwn i'n falch gweld na fydd neb yn cael ei gosbi am ddwyn bwyd er mwyn cadw'n fyw. Yn Lloegr, mae'r tlodion druain yn cael eu crogi am wneud hynny, ond byddwn ni'n maddau iddyn nhw. Hefyd, mae'n braf fod gan bob plentyn yr un hawliau o dan y gyfraith."

"Fe fydd menywod Cymru'n cael chwarae teg hefyd," meddai Rhys. "Maen nhw'n cael bod yn berchen ar eiddo hyd yn oed ar ôl priodi. Dyw hynny ddim yn digwydd yn Lloegr; dynion sy'n berchen popeth yno."

"Digon gwir," meddai Tudur. "Mae'r teulu'n bwysig yn ein cyfreithiau ni hefyd. Os bydd un aelod o deulu'n llofruddio rhywun arall, mae'n rhaid i bawb o'r teulu dalu iawndal."

"Oes. Galanas oedd yr enw am y tâl hwnnw, yntê?" meddai Rhys.

"Ie, dyna ti," meddai Tudur. "Fe fydd pawb yng Nghymru'n gwneud yn siŵr eu bod nhw'n gwybod i bwy maen nhw'n perthyn, hyd y nawfed ach (y pumed cefnder), rhag ofn bydd yn rhaid talu galanas rywbryd."

"Mae pawb yn y llys yn gwybod beth yw eu gwaith nawr hefyd," meddai Rhys. "O'r Offeiriad i'r Cogydd ac o'r Barnwr i'r Gof."

"Rhwng popeth, dwi'n credu i Hywel Dda wneud gwaith arbennig yn rhoi trefn ar y cyfreithiau," meddai Tudur.

"Do'n wir," meddai Rhys, "a dwi'n siŵr y bydd pawb yng Nghymru'n cytuno."

hywel DDa CANOLFAN CENTRE

Hywel Dda
Tua 850-950

Darlun o Hywel Dda yn llawysgrif Peniarth 28

Roedd Hywel Dda yn ŵyr i Rhodri Mawr (t. 14–5) ac yn fab i Cadell (t. 15). Bu'n teyrnasu rhwng 910 a 950. Ar ôl bod yn rheoli Ceredigion, Ystrad Tywi a Gŵyr, priododd Elen, merch brenin Dyfed, a daeth teyrnasoedd y Deheubarth i gyd o dan ei awdurdod. Dros gyfnod o flynyddoedd, daeth yn dywysog hefyd ar Wynedd, Powys a Brycheiniog.

Hywel yw'r unig dywysog o Gymru i gael ei alw'n 'Dda'. Mae'n debyg iddo gael y teitl hwn ar ôl mynd ar daith i Rufain i weld y Pab. Ef hefyd yw'r unig un oedd â darnau arian a'i enw arnyn nhw.

Roedd cyfnod Hywel yn un heddychlon iawn. Ceisiodd gadw'r heddwch drwy beidio herio brenhinoedd Lloegr. Roedd yn talu gwrogaeth (20 pwys o aur, 300 pwys o arian a 25,000 o ychen) i Athelstan, brenin Lloegr, bob blwyddyn.

Mae gerddi Hywel Dda yn Hendy-gwyn ar Daf yno heddiw, i gofio'r cynulliad a drefnodd Hywel i roi trefn ar gyfreithiau Cymru yn y 940au. Cynlluniwyd y gerddi gan Peter Lord ac mae llawer o'r cyfreithiau wedi'u cyflwyno yno.

'Siambr Hywel' yw'r enw ar y siambr drafod i blant a phobl ifainc yn adeiladau'r Cynulliad ym Mae Caerdydd. Mae plant o bob cwr o Gymru'n medru mynd yno i drafod materion sy'n bwysig iddyn nhw, a phleidleisio arnyn nhw. Mae'r enw'n addas iawn oherwydd roedd plant yn cael lle pwysig yng nghyfreithiau Hywel Dda. Cymru oedd y wlad gyntaf i gael Comisiynydd Plant hefyd.

Mae menywod yn cael lle pwysig yng Nghynulliad Cenedlaethol Cymru, fel roedden nhw yng nghyfreithiau Hywel Dda. Mae hanner yr aelodau'n ferched, a'r hanner arall yn ddynion. Dim ond 25 y cant o fenywod sydd yn senedd San Steffan yn Llundain. Rhaid bod cyfraith Hywel Dda wedi dylanwadu ar y Cymry a aeth i Batagonia yn niwedd y 19g a dechrau'r 20g, gan mai yno y cafodd merched bleidlais am y tro cyntaf.

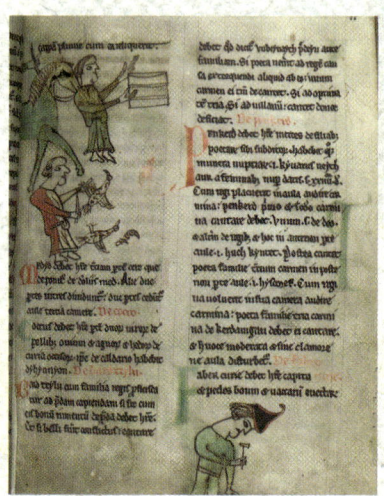

Testun Lladin cyfreithiau Hywel

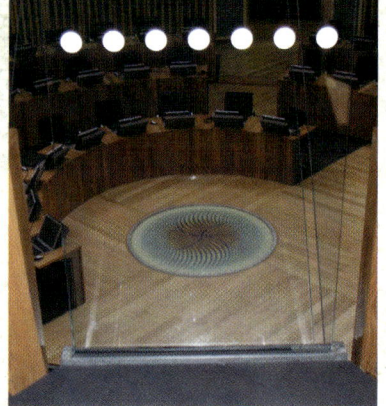

'Siambr Hywel'

Gardd goffa Hywel Dda

Pam roedd Hywel Dda yn bwysig?

Cyfraniad arbennig Hywel Dda oedd:
- ♛ dod â gwahanol arferion cyfreithiol Cymru at ei gilydd a rhoi trefn arnyn nhw fel bod un gyfraith i Gymru gyfan.
- ♛ gwneud yn siŵr fod y cyfreithiau'n rhai teg a gwaraidd – roedd maddau'n bwysicach na chosbi.
- ♛ rheoli pob rhan o Gymru ar wahân i Forgannwg a Gwent.
- ♛ cadw'r heddwch yng Nghymru drwy blygu i rai o frenhinoedd Lloegr.
- ♛ Erbyn diwedd cyfnod Hywel Dda roedd un iaith (Cymraeg), un grefydd (Cristnogaeth) ac un gyfraith (cyfreithiau Hywel Dda) yng Nghymru.

Tir yn ystod cyfnod Hywel Dda
Cantref a Chwmwd

Tywysog Gwynedd (Arglwydd Gwlad)

Arglwydd Cantref

Arglwydd Cwmwd

Tyddyn = pedair erw
Gafael = pedwar tyddyn
Rhandir = pedair gafael
Tref = pedwar rhandir
Maenol = pedair tref
Cwmwd = deuddeg maenol a dwy dref
Cantref = cant o drefi

YNYS MÔN

Cemais · CEMAIS
TALYBOLION
TWRCELYN
Penrhosllugwy
LLIFON
ABERFFRAW
RHOSYR
DINDAETHWY
Llan-faes
MALLTRAETH
Aberffraw
MENAI
Rhosyr (Niwbwrch)

— Ffiniau Cantref
··· Ffiniau Cwmwd
● Canolfan weinyddu

Cwmwd Dindaethwy

Roedd cantref yn ddarn eithaf mawr o dir, gyda'i lys ei hun. Cantrefi oedd Penllyn ac Arfon ac mae'r enwau'n dal i gael eu defnyddio heddiw.

Dyma enwau rhai cantrefi eraill: Cantref Selyf (ardal Brycheiniog); Cantref Mawr – roedd un ym Mrycheiniog ac un yn sir Gaerfyrddin heddiw; Cantref Bychan (ardal Llanymddyfri); Cantref Gwarthaf (sir Gaerfyrddin a dwyrain sir Benfro heddiw), heb anghofio'r chwedl am Gantre'r Gwaelod, wrth gwrs, lle mae Bae Ceredigion heddiw.

Ar ôl Melville Richards, Atlas Môn, 1972

Mathafarneithaf
LLANFAIR
Mathafarn Wion
Castellbwlchgwyn
Erddreiniog
LLANBEDR (Llanfeistr)
LLANFAIR BETWS GERAINT
Llanddyfnan
Pentraeth
LLANFIHANGEL
Ynys Seiriol (Ynys Lannog)
Dinsylwy Frenin
Dinsylwy Rys
Pentir
PENMON
Crafgoed
Bodfeddan
Penhwnllys
Twrgarw
LLANDDONA
LLANIESTYN
(Llangawrda)
LLANGOED
Bodfa
Llwydiarth
Bodynwy
Brynberfi
Trecastell
Buarth-brych
Bodiordderch
Bancenyn
LLAN-FAES
Ucheldref
Crymlyn
Bodgylched
Trefor-bwll
Cefn-coch
Biwmares Cerrigygwyddyl
LLANSADWRN
Treffos
Cerrigtegfan
Penmynydd
Perthgyr
Llamel
Bodwylog
LLANREDIFEL
Castellior
LLANDEGFAN
Bodffyddion
Penhesgyn
Bodynys
Penmynydd
Trefelias
Bodbabwyr
Tre-fraint
Porthaethwy
Carnan Isaf
Treforion
LLANDYSILIO
Bryn-y-gof
Pwllgwyngyll
LLANFAIR

● Tref
● Amlwd/treflan
† Eglwys
✪ Maenol
··· Ffiniau plwyf
--- Ffiniau cwmwd

Gruffudd ap Llywelyn
Darn o gig mewn crochan o gawl, tua 1025

"Gruffudd, ble rwyt ti?" Roedd chwaer Gruffudd wedi bod yn chwilio amdano ymhobman. Roedd e'n cuddio yn rhywle yn y llys, roedd hi'n siŵr.

"Yn y neuadd fawr, wrth y tân," meddai Gruffudd. "Mae hi'n gynnes braf fan hyn."

"Dyma ti'n diogi eto," meddai ei chwaer. "Mae ein tad yn mynd i hela. Pam nad ei di gydag ef, i ti gael dysgu'r grefft o hela?"

"Dim diolch," meddai Gruffudd. "Dwi'n rhy gyfforddus fan hyn yn gwylio fflamau'r tân. Mae hi'n oer allan, dwi ddim eisiau symud, diolch yn fawr."

"Y diogyn!" meddai ei chwaer yn swta. "Mae'n hen bryd i ti sylweddoli pwy wyt ti – Gruffudd ap Llywelyn, mab Llywelyn ap Seisyll, tywysog Deheubarth. Thâl hi ddim i ti fod fel rwyt ti – yn ddiog a llwfr. Mae'n rhaid i ti fentro mwy a dangos tipyn o ddewrder a gwrhydri. Rhyw ddiwrnod fe fyddi di'n dywysog, cofia."

"Byddaf, rhyw ddiwrnod," meddai Gruffudd. "Ond nid heddiw." Estynnodd ei freichiau at y tân a rhwbio ei ddwylo yn ei gilydd.

"Pam nad ei di allan nos yfory?" meddai ei chwaer wedyn, "Efallai y gweli di arwydd fydd yn newid dy fywyd di."

"Nos yfory?" gofynnodd Gruffudd. "Beth sydd mor arbennig am nos yfory?"

"Nos Galan yw hi, a bydd pawb yn mynd allan i chwilio am arwydd a allai newid eu bywydau. Dwyt ti ddim yn cofio Madog ab Ioan y llynedd? Fe welodd e ddwy garreg wen yn disgleirio yng ngolau'r lleuad, ac erbyn hyn, mae e wedi priodi ag Elen ferch Dyfrig."

"Da iawn, Madog ac Elen," meddai Gruffudd. "Dwi ddim yn credu'r hen goelion yma, beth bynnag."

Ond erbyn y noson ganlynol, penderfynodd Gruffudd y byddai'n mynd allan wedi'r cyfan. Efallai bod gwirionedd yn yr hen goelion. Aeth ar ei geffyl i gartref un o'i ffrindiau a mynd i'r gegin, lle roedd y cogydd yn coginio cawl mewn crochan enfawr.

"Mae rhywbeth rhyfedd yn digwydd yn y crochan yma," cwynodd y cogydd ar ôl i Gruffudd fod yno am rai munudau. "Mae un darn o gig yn codi i wyneb y cawl drwy'r amser. Dwi'n ceisio ei wthio i lawr, ond mae'n mynnu codi i'r wyneb."

Tarodd y geiriau yma Gruffudd fel taranfollt. Roedd hwn yn arwydd iddo newid ei fywyd, roedd yn siŵr o hynny. Fe oedd y darn o gig. Er bod pawb, fel ei chwaer, yn ei wthio i lawr ac yn lladd arno, byddai'n codi'n uwch na phawb yn y diwedd. Fyddai neb yn gallu ei ddarostwng.

O'r diwrnod hwnnw ymlaen, sylwodd pawb ar y newid yn Gruffudd. Roedd golau rhyfedd a phenderfynol yn ei lygaid. Os byddai'n penderfynu gwneud rhywbeth, fyddai dim yn sefyll yn ei ffordd. Byddai'n dilyn ei dad a dod yn dywysog dewr a gwrol.

Gruffudd ap Llywelyn
Cyfarfod ar lan afon Hafren, tua 1050

Flynyddoedd ar ôl y nos Galan honno pan welodd yr arwydd a fyddai'n newid ei fywyd, roedd y tywysog Gruffudd ap Llywelyn yn sefyll ar lan afon Hafren. Roedd yn ddyn trawiadol iawn: yn dal, cryf a golygus. O'i amgylch, roedd ei osgordd fawr o filwyr ac uchelwyr ac roedd hi'n amlwg mai Gruffudd oedd yr arweinydd. Gwisgai ei ddillad mwyaf ysblennydd ac roedd ei goron ddisglair ar ei ben.

Erbyn hyn, roedd Gruffudd yn dywysog ar Gymru gyfan. Roedd wedi dod yn dywysog ar ôl i'w dad Llywelyn gael ei ladd yn 1023. Roedd wedi ennill brwydrau yn erbyn y Llychlynwyr ar yr arfordir, yn erbyn y Saeson a oedd yn ceisio dod dros glawdd Offa, ac yn erbyn tywysogion Cymreig y Deheubarth.

Ar lan arall yr afon roedd Edward Gyffeswr, brenin Lloegr, a'i osgordd yntau. Roedd Edward a Gruffudd wedi trefnu cwrdd i wneud cytundeb heddwch. Gan fod afon Hafren yn ffin rhwng Cymru a Lloegr, roedd yn lle da i gwrdd. Eto, doedd dim un o'r ddau'n fodlon gadael ei dir ei hun; roedden nhw'n rhy falch i wneud hynny.

Syllodd y ddau ar ei gilydd am amser hir. Roedden nhw tua'r un oedran, a'r un mor benderfynol. Doedd dim argoel fod y naill na'r llall yn mynd i ildio a chroesi'r afon.

Gwyddai Edward fod Gruffudd yn ddyn penderfynol dros ben; roedd yr holl frwydrau roedd wedi'u hennill yn dangos hynny'n ddigon eglur. Fe allen nhw fod yno tan iddi nosi. Roedd yn rhaid i un ohonyn nhw ildio.

O'r diwedd, daeth Edward Gyffeswr i benderfyniad. Cerddodd at gwch oedd ar lan yr afon. Camodd i mewn iddo a dechrau rhwyfo draw at Gruffudd.

Wrth weld Edward yn nesáu at lan Gymreig yr afon, neidiodd Gruffudd i'r dŵr i groesawu Edward. Llusgodd y cwch i'r lan ac yna gwnaeth rywbeth rhyfeddol: cododd Edward o'r cwch a'i gario i'r lan ar ei gefn.

Felly, dangosodd Gruffudd ap Llywelyn, er ei fod yn dywysog nerthol, ei fod yn barod i ymostwng i frenin mwy pwerus nag ef.

Gruffudd ap Llywelyn (1007–1063)
- ♛ Mab Llywelyn ap Seisyll, tywysog Deheubarth.
- ♛ Daeth yn dywysog ar Wynedd a Phowys yn 1039.
- ♛ Ymladdodd yn ffyrnig yn erbyn y Saeson ar y ffin rhwng Powys a Mersia.
- ♛ Llwyddodd i ddod â Phowys, Gwynedd a'r Deheubarth o dan ei ofal.
- ♛ Bu'n rhaid iddo ddianc o'i lys yn Rhuddlan i fynyddoedd Eryri pan ymosododd Harold o Wessex arno.
- ♛ Cafodd ei lofruddio gan Gymro, ac anfonwyd ei ben at y brenin Edward Gyffeswr.

Pam roedd Gruffudd ap Llywelyn yn bwysig?
- ♛ Llwyddodd i amddiffyn y wlad rhag y Saeson a'r Llychlynwyr am 24 blynedd.
- ♛ Unodd Gymru gyfan cyn i'r Normaniaid ddod.

Gruffudd ap Cynan
Sgwâr Caer, 1093

Mae hi'n 1093, a dyw pethau ddim yn mynd yn rhy dda i mi, Gruffudd ap Cynan. Dwi wedi bod yng ngharchar Caer ers deuddeng mlynedd, a minnau'n dywysog Cymru!

Tynnaf fy llaw dros fy ngwallt golau a meddwl unwaith eto, tybed beth sydd wedi mynd o'i le yn fy mywyd. Er mai fi yw tywysog Cymru, dwi wedi treulio'r rhan fwyaf o'm bywyd mewn carchar neu'n alltud, mewn gwledydd eraill.

Ar y Normaniaid roedd y bai, dwi'n gwybod hynny'n iawn. Roedden nhw wedi concro Lloegr yn 1066 ar ôl Brwydr Hastings, pan oeddwn i'n un ar ddeg oed. Yn fuan iawn rhoddodd brenin newydd Lloegr, Gwilym y Concwerwr, y tiroedd rhwng Cymru a Lloegr, y Mers, i dri Iarll Normanaidd. Mae ias yn mynd i lawr fy nghefn wrth feddwl am Ieirll y Mers. Yn lle aros yn y Mers, mae'r tri wedi bod yn ceisio ennill tiroedd eu cymdogion yng Nghymru. Ar ôl ymosod ar ran o dir, maen nhw'n codi cestyll pridd a phren, tomen a beili. Erbyn hyn, maen nhw wedi codi cannoedd ohonyn nhw, dwi'n siŵr.

Mae un Iarll yn arbennig dwi'n ei gasáu: Iarll Caer, Huw o Avranches, neu Huw Dew fel rydyn ni'r Cymry'n ei alw. Mae'n ddyn creulon ac atgas, a gyda'i gefnder, Robert o Ruddlan, bu'n ymosod ar ogledd Cymru a cheisio cipio Gwynedd. Ond chawson nhw ddim bod yno'n hir. Hwyliais i a'm llynges o Iwerddon i Borth Clais ger Tyddewi. Yna, ar ôl trechu Trahaearn, tywysog Gwynedd, mewn brwydr yn Sir Benfro, gyda help Rhys ap Tewdwr, tywysog Deheubarth, teithiais i'r gogledd a hawlio Gwynedd.

Ie, dyna'r dyddiau da, 'nôl yn 1081. Ond doeddwn i ddim wedi trechu Huw a Robert chwaith. Penderfynon nhw chwarae hen dric cas arnaf. Un diwrnod, cefais neges oddi wrth Robert o Ruddlan. Roedd eisiau cyfarfod â mi yn Rhug yn Edeirnion. Roedd wedi cael digon ar y brwydrau ac roedd e eisiau trafod heddwch.

Es i i'r cyfarfod hwn gyda chriw o'm saethwyr gorau. Ond doedd dim digon ohonyn nhw. Twyll oedd y cyfarfod. Y cyfan wnaeth milwyr Robert oedd fy nghipio i a'm dynion. Cefais i fy nghludo i garchar Caer, a thorrwyd bysedd fy saethwyr fel na fydden nhw byth yn gallu defnyddio bwa a saeth eto.

Dyna ni. Does dim pwynt gori ar y gorffennol. Ond dwi wedi hen flino edrych ar dref Caer drwy ffenestr gul y gell. Mae hi'n ddiwrnod marchnad, arogl bwyd ac anifeiliaid yn llenwi'r lle a'r dref yn fwrlwm o brynu a gwerthu. Ond mae sŵn yma. Sŵn traed yn y pellter. Daw'r sŵn traed yn nes, a sŵn rhywun yn tuchan. Rhywun sy'n ei chael hi'n anodd cerdded. Rwy'n gwybod pwy sydd yno cyn i'r drws agor led y pen: Huw Dew.

"Tyrd, Gruffudd ap Cynan, dywysog Cymru," medd Huw'n faleisus. "Rwyt ti'n mynd i lawr i sgwâr y dref heddiw. Mae pawb eisiau dy weld di, yn enwedig y Cymry sy'n gwerthu nwyddau yn y farchnad."

A chyn hir, dyna lle rydw i, yn fy nillad carpiog a'm cadwynau, yn sgwâr y dref. Ac nid am y tro cyntaf chwaith. Mae Huw Dew wrth ei fodd. "Dewch i weld Gruffudd ap Cynan, tywysog Cymru!" gwaedda. "Dewch i boeri arno. Dyw'r gwalch ddim yn haeddu dim byd gwell!" Mae fy ngwaed yn berwi, ond dwi'n methu gwneud dim, dim ond eistedd yn ddiymadferth ar y llawr.

Mae Huw yn diflannu – i gael pryd mawr o fwyd, siŵr o fod – a'm gadael yng ngofal dau filwr blinedig yr olwg. Cyn hir, sylwaf ar rywun yn llechu wrth ymyl wal y dref. Gŵr ifanc tal, cryf a chydnerth. Yn araf bach, daw yn nes ataf.

"Dywysog, paid â dangos dy fod yn siarad â mi," medd y dyn ifanc. "Dwi eisiau ceisio dy ryddhau."

"Pwy wyt ti?" sibrydaf.

"Cynwrig Hir o Edeirnion," yw'r ateb. "Roedd fy mrawd yn un o'r saethwyr gollodd ei fysedd pan gefaist dy gipio." Mae'n edrych i fyw fy llygaid glas.

"Bydd yn ofalus, Cynwrig," meddaf wrtho. "Fyddai Huw Dew ddim yn dangos unrhyw dosturi tuag atat petai'n dy weld. Cael dy grogi'n syth fyddai dy hanes di."

"Paid â phoeni," medd Cynwrig yn dawel. "Dwi wedi gweld bwlch mewn ambell ddolen o'r cadwynau yma. Fydda i ddim yn hir yn eu tynnu'n rhydd. Ond efallai y bydd rhaid i mi boeri atat i'r milwyr gael meddwl mai Sais ydw i."

Dros yr ychydig funudau nesaf, mae Cynwrig yn tynnu wrth ddolenni'r cadwynau. Ceisiaf edrych yn ddidaro, ond mae fy nghalon yn curo fel gordd. Un cam gwag, ac fe allai'r milwyr gydio yn Cynwrig. Rwyf yn rhoi'r dyn ifanc yma o Edeirnion mewn perygl enbyd.

Cyn pen dim, sylweddolaf fod Cynwrig wedi diflannu. Edrychaf o'm cwmpas yn araf rhag tynnu sylw'r milwyr. Drwy gil fy llygaid, gallaf weld fod Cynwrig yn llechu eto wrth wal y dref. Yna, edrychaf i lawr. A dyna'r rhyfeddod mwyaf! Mae'r cadwynau wedi'u torri!

Dyw'r milwyr ddim yn ffwdanu edrych arnaf bellach. Maen nhw'n siarad â'i gilydd a'u cefnau ataf. Mae'r dref wedi tawelu ac, yn araf bach, codaf ar fy nhraed a symud yn llechwraidd tuag at Cynwrig. Awn ein dau yn ofalus tua phorth y dref a heibio'r gwarchodwyr. Does neb yn gweiddi ar eu holau, diolch byth.

Ar ôl mynd drwy'r porth, dyma ni'n dechrau cerdded yn gynt ac yn gynt, hyd nes ein bod yn rhedeg. Rwyf i, Gruffudd ap Cynan, Tywysog Cymru, yn rhydd am y tro cyntaf mewn deuddeng mlynedd!

Eglwys Gadeiriol Caer heddiw

Gruffudd ap Cynan
(1055–1137)

Cafodd ei eni yn Nulyn a'i addysgu ym mynachlog Swords, ger Dulyn. Roedd yn dod o deulu brenhinol Iwerddon, Cymru a'r Llychlynwyr. Mae'n debyg fod ganddo wallt golau a llygaid glas.

Bu ei dad farw pan oedd yn ifanc, ond roedd ei fam Rhagnell yn ei atgoffa bob amser fod ganddo hawl i reoli teyrnas Gwynedd. Pan oedd yn 20 oed, cafodd fenthyg llong gan frenin Dulyn i hwylio i Wynedd. Trahaearn oedd tywysog Gwynedd ar y pryd. Methodd drechu Trahaearn, a bu'n rhaid iddo ffoi'n ôl i Iwerddon. Pan ddaeth Gruffudd draw i Gymru'r tro nesaf, yn 1081, glaniodd ym Mhorth Clais, ger Tyddewi. Cafodd gymorth gan Rhys ap Tewdwr (tad Gruffudd, gŵr Gwenllïan t. 28 a thad-cu'r Arglwydd Rhys t. 36) i faeddu Trahaearn mewn brwydr ym Mynydd Carn, ym Mhenfro. Mae'r stori'n sôn am sut y cafodd Gruffudd ap Cynan ei dwyllo i gwrdd â Robert o Ruddlan, a'i garcharu gan Huw Dew o Gaer, ond iddo gael ei ryddhau yn 1093. Wedi hynny, ffodd i Aberdaron, ac yna hwyliodd i Iwerddon. Yn 1094 cipiodd gastell y Normaniaid yn Nefyn. Erbyn 1101 roedd Huw Dew wedi marw ac roedd Gruffudd yn barod i gydnabod y brenin, Harri I, a chafodd diroedd yng Ngwynedd ganddo. Bu Gruffudd ap Cynan yn rheoli Gwynedd am bron i 40 mlynedd cyn marw yn 1137, yn 82 oed. Roedd hyn yn oedran teg iawn yn y cyfnod hwnnw pan oedd pobl yn marw'n ifanc iawn. Erbyn hynny, roedd Gruffudd ap Cynan yn ddall. Cafodd ei gladdu yn Eglwys gadeiriol Bangor.

Pam roedd Gruffudd ap Cynan yn bwysig?
- Llwyddodd Gruffudd ap Cynan i amddiffyn Gwynedd rhag y Normaniaid pan gyrhaeddon nhw Gymru gyntaf.
- Roedd Gwynedd yn llewyrchus iawn pan oedd Gruffudd yn dywysog yno. Gwnaeth lawer o bethau gwych, fel plannu coedwigoedd, gerddi a pherllannau, a chodi adeiladau newydd, gan gynnwys eglwysi mawr.

Y Mers

Yr enw ar y tiroedd ar y ffin rhwng Cymru a Lloegr. Roedd yn ffurfio rhyw fath o goridor rhwng Cymru a Lloegr. Ar ôl i'r Normaniaid ennill Brwydr Hastings yn 1066, daeth tri Iarll yn gyfrifol am diroedd y Mers: Iarll Henffordd, Iarll Amwythig, ac Iarll Caer. Huw Dew oedd enw'r Cymry ar Huw o Avranches, Iarll Caer. Yn fuan iawn, dechreuodd yr ieirll geisio dwyn tiroedd y tywysogion oedd yn gymdogion iddyn nhw.

Prif Ymgyrchoedd y Normaniaid

- MÔN
- Deganwy
- Rhuddlan
- RHOS
- RHUFONIOG
- Bangor
- GWYNEDD
- IÂL MAELOR
- CAER
- IARLL CAER
- 1070–86
- LLŶN
- EDEIRNION
- MEIRIONNYDD
- 1071–80
- IARLL AMWYTHIG (MONTGOMERY)
- Amwythig
- POWYS
- Trefaldwyn
- 1071–86
- MORTIMER = Arglwydd y Mers
- ARWYSTLI
- CERI
- MAELIENYDD
- ELFAEL
- Maesyfed
- MORTIMER
- IARLL HENFFORDD (FITZOSBERN)
- 1093
- CEREDIGION
- Breos
- Breos
- 1067
- BUELLT
- 1093
- Aberteifi
- CANTREF MAWR
- CANTREF BYCHAN
- 1093
- Henffordd
- DYFED
- YSTRAD TYWI
- BRYCHEINIOG
- LACY
- 1067
- DEHEUBARTH
- Neufmarché
- MONTGOMERY
- BALLON
- Penfro
- MORGANNWG
- BALLON
- 1067–71
- 1093
- GŴYR
- FITZHAMMO
- Caerdydd

Ar ôl William Rees, 1959; John Davies, 1990, a Hefin Mathias, 1996

25

Pwy oedd y Normaniaid?

Mae'r enw 'Norman' yn debyg iawn i 'Norseman', sef enw arall ar y Llychlynwyr. Llychlynwyr wedi ymsefydlu yng ngogledd Ffrainc yn y ddegfed ganrif oedd eu cyndadau.

Yn 1066, aeth byddin y Dug Gwilym o Normandi yng ngogledd Ffrainc ar draws y môr i frwydro yn erbyn Harold, brenin Lloegr, yn Hastings. Roedd 7,000 o filwyr gan Gwilym a llwyddon nhw i ennill y frwydr. Roedd y Normaniaid yn marchogaeth meirch wedi'u hyfforddi'n arbennig. Roedden nhw'n gwisgo arfwisgoedd haearn cryf ac yn gwisgo helmau dur. Ar ôl concro darn o dir, bydden nhw'n codi cestyll – rhai tomen a beili'n gyntaf gydag adeilad pren ar ben y domen. Yn ddiweddarach, dechreuon nhw godi cestyll cerrig gan fod y Cymry'n llosgi'r adeiladau pren i lawr. Mae twˆr carreg castell Caerdydd i'w weld heddiw ar y domen wreiddiol.

Wrth ymyl y castell roedd y Normaniaid yn sefydlu bwrdeistref – lle roedd mwy na phump o bobl yn byw. Cafodd bwrdeistrefi eu sefydlu ledled Cymru. Roedd gan y rhai oedd yn byw yn y bwrdeistrefi hawliau arbennig.

Erbyn 1093 roedd arglwyddi'r Mers (gweler y Mers t. 24) wedi concro tiroedd yng Ngwynedd yn y gogledd, Gwent, Morgannwg a Gŵyr yn y de, a chanolbarth Cymru hyd at Aberteifi a Sir Benfro.

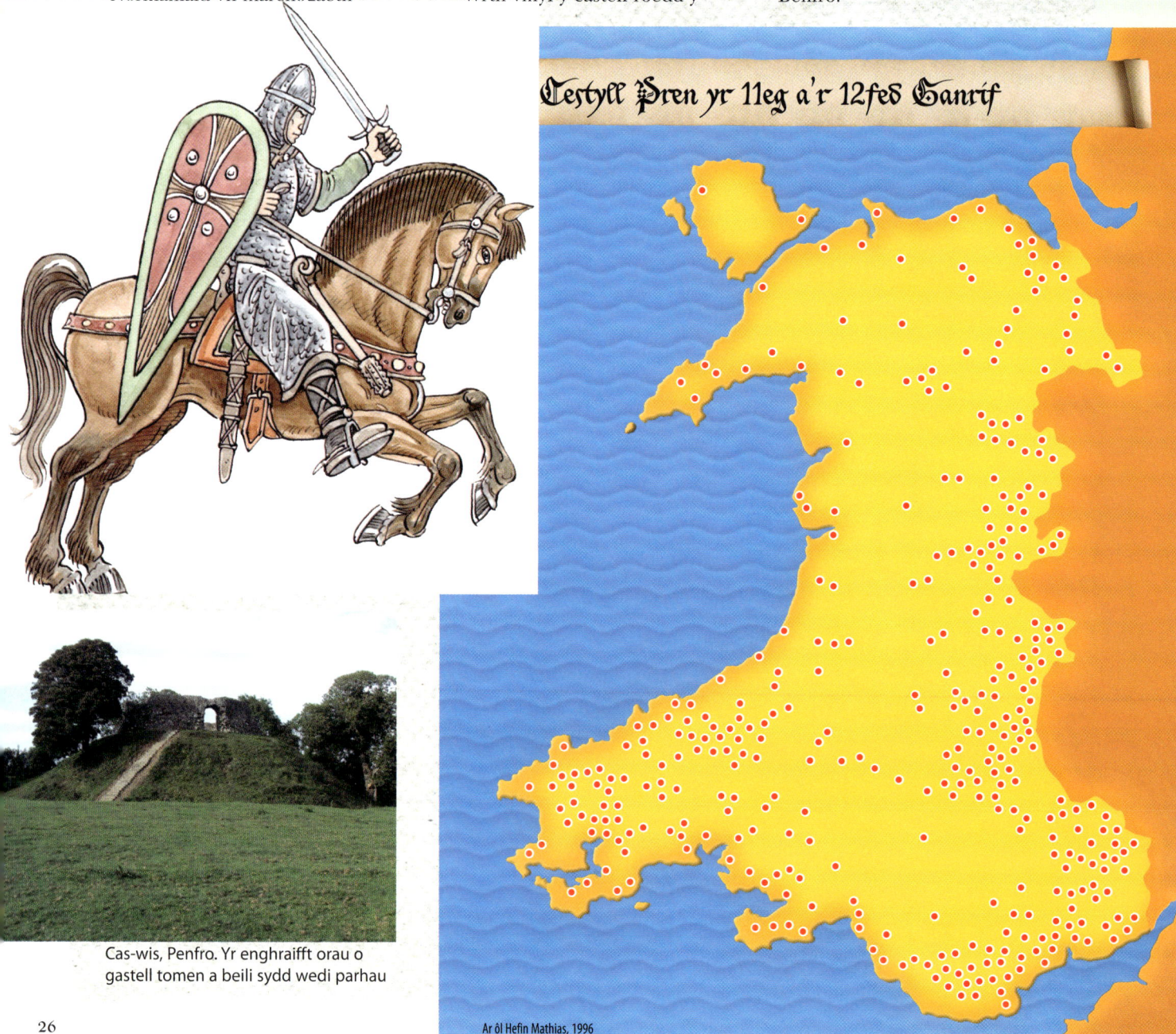

Cas-wis, Penfro. Yr enghraifft orau o gastell tomen a beili sydd wedi parhau

Cestyll Pren yr 11eg a'r 12fed Ganrif

Ar ôl Hefin Mathias, 1996

Castell Pren Tomen a Beili

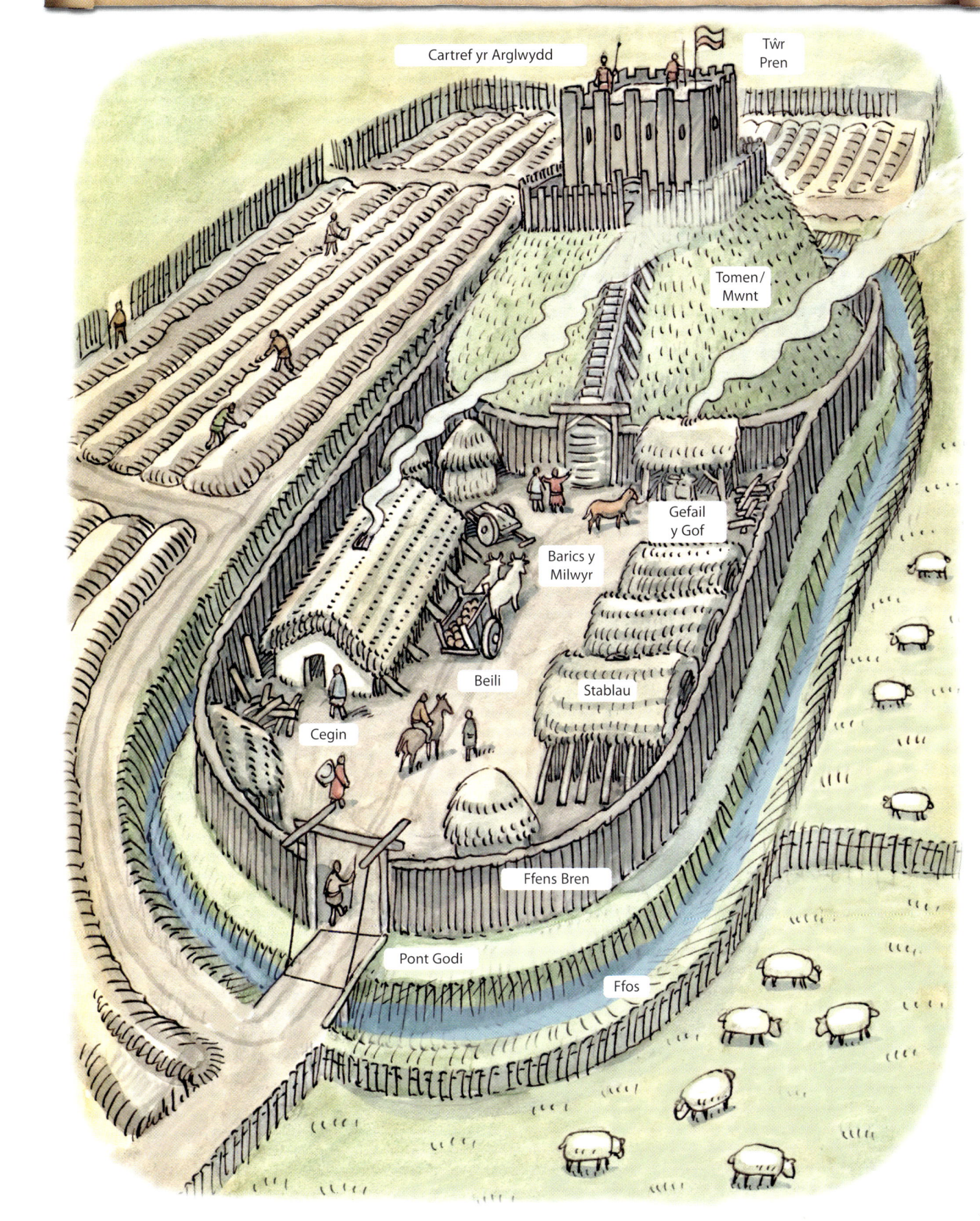

- Cartref yr Arglwydd
- Tŵr Pren
- Tomen/Mwnt
- Gefail y Gof
- Barics y Milwyr
- Stablau
- Beili
- Cegin
- Ffens Bren
- Pont Godi
- Ffos

Gwenllïan, ferch Gruffudd ap Cynan
Arwres Maes Gwenllïan, 1136

Safai byddin y Cymry â'u cefnau at afon Gwendraeth. Ar y maes gwastad, roedd rhai o'r fyddin yn wynebu'r de, yn gwylio gwŷr meirch y Normaniaid yn nesu o gyfeiriad castell Cydweli. Wynebai rhannau eraill o'r fyddin y dwyrain a'r gorllewin, yn disgwyl ymosodiadau'r gelyn o'r coed a'r creigiau o Fynydd y Garreg uwchben y cwm.

Sgleiniai'r haul ar arfwisgoedd gloyw'r Normaniaid; cydiai'r gwynt yn eu baneri lliwgar. Lledr a brethyn oedd gwisgoedd y Cymry; daliai amryw ohonynt arfau trin y tir, nid arfau rhyfel.

Ac roedd un gwahaniaeth mawr arall rhwng byddin y Cymry a byddinoedd y Normaniaid. Milwr caled o'r enw Maurice de Londres oedd arweinydd y gelyn ond merch o'r enw Gwenllïan oedd yn arwain y Cymry i frwydr.

Roedd Gruffudd ap Rhys, gŵr Gwenllïan, wedi mynd i Wynedd. Roedd e eisiau casglu byddin fawr i ymosod ar gestyll y Normaniaid yn ne Cymru, a dechrau arni yng Nghydweli. Ond roedd angen mwy na'i fyddin o bum cant o filwyr i herio Maurice de Londres, arglwydd y castell. Felly, roedd wedi mynd i Aberffraw yng Ngwynedd i ofyn am gymorth milwyr Gruffudd ap Cynan, tad Gwenllïan, a'i dau frawd.

Ond, yn y cyfamser, roedd ysbiwyr y Normaniaid wedi clywed bod Gruffudd ar ei ffordd i'r gogledd. Roedd Maurice yn ofni'r fyddin fawr a fyddai gan Gruffudd ar ôl iddo ddychwelyd, felly penderfynodd geisio denu Gwenllïan i frwydro heb ei gŵr. Anfonodd am filwyr o Loegr i ddod i gastell Cydweli ar frys.

Daeth y si i glustiau Gwenllïan yn ardal Caeo, sir Gaerfyrddin. Roedd hi mewn cyfyng-gyngor difrifol. A ddylai hi anfon negesydd ar ôl ei gŵr i ofyn iddo ddychwelyd, ynteu mynd â'r fyddin fach ei hunan i daro yn erbyn castell Cydweli cyn i filwyr Lloegr gyrraedd?

Aeth at y fyddin o wŷr dewr a rhoi araith danbaid am warchod eu tir. Cododd y dynion eu cleddyfau a gweiddi ei henw. Roedden nhw'n fodlon dilyn Gwenllïan am ei bod mor ddewr wrth frwydro ei hunan. Roedd ei dau fab hefyd yn ymladdwyr profiadol: Morgan yn 18 a Maelgwn yn 16.

Rhannodd Gwenllïan ei byddin yn ddwy. Anfonodd un rhan i'r dwyrain i ymosod ar y fyddin a oedd i fod ar ei ffordd o Loegr. Aeth hithau â'r gweddill drwy goedwigoedd dyffryn Tywi a chwm Gwendraeth Fach i wersylla mewn man cysgodol o dan Fynydd y Garreg i ddisgwyl i'r fyddin gyntaf ddychwelyd, cyn ymosod ar Gydweli.

Heb yn wybod iddi, roedd wedi'i denu i drap. Roedd dwywaith nifer y Cymry o saethwyr, cleddyfwyr a marchogion yn disgwyl amdanynt. Ymladdodd y fyddin fach yn ddewr ac yn hir dros Gymru, dros Gwenllïan, ac er iddyn nhw ladd llawer o'r gelyn, roedd gormod o filwyr iddynt yn y diwedd. Cafodd Morgan a llu o filwyr y Cymry eu lladd, a chipiodd y Normaniaid Maelgwn yn garcharor.

Beth am Gwenllïan ei hun? Ymladdodd yn galed nes cael ei dal yn y diwedd. Cafodd ei dienyddio ar faes y frwydr. Maes Gwenllïan yw enw'r Cymry ar y cae hwnnw hyd heddiw.

Ar ôl clywed am farwolaeth Gwenllïan, arweiniodd Gruffudd ap Rhys ei gŵr ac Anarawd eu mab fyddin benderfynol yn ôl o Wynedd. Roedd dewrder Gwenllïan wedi deffro'r ddraig goch o'i chwsg a'r tro hwn nid oedd gan y Norman obaith i wrthsefyll ei fflamau. Bu brwydr fawr yn y Crug Mawr i'r gogledd o Aberteifi, gyda milwyr y Cymry yn rhuthro am y gelyn gan weiddi enw eu harwres, "Gwenllïan! Gwenllïan!" Cafodd y Cymry sawl buddugoliaeth arall wedi hynny gan gadw'r Normaniaid ar gadwyn dynn iawn yn ne Cymru am yr hanner can mlynedd nesaf.

Pam roedd Gwenllïan yn bwysig?

- Roedd Gwenllïan yn gallu brwydro cystal ag unrhyw ddyn ac yn barod i golli ei bywyd yn y frwydr.
- Roedd hi'n benderfynol o warchod tir Cymru rhag y Normaniaid. Oherwydd hyn, mae hi'n arwres bwysig yn hanes Cymru.

Gwenllïan, ferch Gruffudd ap Cynan
(1097–1136)

Roedd Gwenllïan yn ferch i Gruffudd ap Cynan (t. 22), ac yn chwaer i Owain Gwynedd (t. 34), Cadwallon a Cadwaladr. Cafodd ei magu yn llys Gruffudd yn Aberffraw, Môn, gan ddilyn ei brodyr wrth wneud campau'r llys – ymarfer corff, chwaraeon, hela a dysgu trin arfau. Roedd hi'n ferch hardd ac fel merch i brif dywysog Cymru, roedd hi'n ddeniadol fel gwraig i fechgyn teuluoedd taleithiau eraill Cymru.

Priododd un o'r enw Gruffudd fel ei thad: Gruffudd ap Rhys (mab Rhys ap Tewdwr o Ddeheubarth). Felly, daeth teuluoedd brenhinol Gwynedd a Deheubarth at ei gilydd. Cawson nhw bedwar o feibion: Anarawd, Morgan, Maelgwn a Rhys (yr Arglwydd Rhys, t. 36). Byddai Gwenllïan yn hyfforddi'r meibion hynaf i frwydro tra oedd Gruffudd ap Rhys yn arwain ei fyddin yn erbyn y Normaniaid.

Mae'r stori'n sôn am frwydr Maes Gwenllïan yn 1136. Lladdwyd Morgan yn y frwydr, aeth Maelgwn yn garcharor, a gadawyd Rhys yn blentyn bach pedair oed. Cafodd Gruffudd ap Rhys ei ladd ychydig yn ddiweddarach.

Castell Cydweli

Ifor Bach, Arglwydd Senghennydd
Ymosod ar Gastell Caerdydd: Dyddiadur 1158

Rwyf wedi penderfynu bod angen dysgu gwers i William, Iarll Caerloyw. Mae'n dwyn darnau o'm tiroedd yn Senghennydd byth a beunydd. Fi biau'r tir, yn ôl cyfraith Hywel Dda, ond mae'n mynnu ei hawlio oherwydd mai fe yw'r Iarll Normanaidd. Felly, dwi'n ceisio meddwl am gynllun i gael fy nhir yn ôl.

* * *

Mae'r cynllun yn barod. Mae'n un arbennig o dda, hefyd, os caf i ddweud. Nos yfory, byddaf yn ei roi ar waith!

* * *

Neithiwr, ar ôl iddi nosi, fe aeth criw bach ohonon ni at Gastell Caerdydd. Tŵr crwn ar ben tomen fawr o bridd yw'r castell. Roedd y dynion yn poeni oherwydd bod cynifer o filwyr yno – tua 120 o farchogion a saethyddion. Y peth cyntaf wnaethon ni oedd rhoi ysgolion yn erbyn muriau carreg y castell. Yna, dechreuon ni eu dringo nhw heb siw na miw rhag tynnu sylw'r milwyr. Ar ôl cyrraedd pen y tŵr, dechreuon ni chwilio'n llechwraidd am ystafell wely William. Roedden ni'n amau bod yr ystafell yn y man mwyaf diogel, yng nghanol y tŵr, ac roedden ni'n iawn!

Dyma ni'n rhuthro i mewn i'r ystafell a rhoi rhwymyn am geg William, Hawys ei wraig, a Robert eu mab. Y gamp wedyn oedd mynd â nhw i lawr yr ysgolion, ond fe lwyddon ni yn y diwedd heb i'r milwyr glywed. Rhaid bod y gwarchodwyr nos yn cysgu! I ffwrdd â ni wedyn ar geffylau chwim i guddio yng nghoedwig Senghennydd. A dyna lle rydyn ni nawr. Rwyf wedi dweud wrth William y cân nhw fynd yn rhydd ond iddo roi fy nhiroedd yn ôl i mi, ac ychydig bach yn ychwanegol hefyd. Ond, os na fydd e'n fodlon, rwyf wedi bygwth lladd ei wraig a'i fab. Mae e'n ystyried y peth ar hyn o bryd, ond dydw i ddim yn credu y bydd angen i mi aros yn hir cyn iddo benderfynu.

* * *

Rydyn ni newydd ryddhau William a'i deulu. Mae William wedi arwyddo dogfen yn rhoi'r tir i gyd yn ôl i mi, a darnau o diroedd newydd hefyd. Felly, mae'r cyfan wedi bod yn llwyddiant mawr!

Pam roedd Ifor Bach yn bwysig?
♛ Mae'n dangos i ni bod y Cymry'n llwyddo i gadw eu tiroedd a gwrthryfela yn erbyn y Normaniaid yn y ddeuddegfed ganrif.

Roedd Ifor Bach, Arglwydd Senghennydd, yn byw yn y ddeuddegfed ganrif, ac yn Arglwydd ar Senghennydd. Doedd yr ardal hon ddim wedi cwympo i ddwylo'r Normaniaid yn llwyr, ond roedd Iarll Caerloyw, William, yn dwyn tir Ifor o hyd. Mae Gerallt Gymro (t. 40) yn adrodd y stori hon am Ifor yn llwyddo i gael ei dir yn ôl.

Roedd Ifor yn briod â Nest, chwaer yr Arglwydd Rhys (t. 36). Efallai fod Llywelyn Bren (t. 60) yn un o'i wyrion.

Heddiw, Ysgol Gynradd Ifor Bach yw enw'r ysgol gynradd Gymraeg yn Abertridwr. Hefyd, Clwb Ifor Bach yw enw'r clwb Cymraeg sydd dafliad carreg o gastell Caerdydd.

Castell Cerrig Normanaidd

- Y prif dŵr
- Ystafelloedd gwely
- Y geudy
- Capel ac ystafell breifat yr arglwydd
- Neuadd fawr
- Grisiau tro
- Seler ac ystordy
- Twr
- Gefail y gof
- Ffynnon
- Stablau
- Barics y Milwyr
- Y beili
- Porthdy
- Porthcwlis
- Cysylltfur
- Pont godi
- Ffos fawr

Castell Penfro

Castell Ysgiwfrith / Rhaglan

31

Gweithgaredd Llunio Arfbais
Roedd cael arfbais yn bwysig iawn i bob tywysog, felly beth am i ti lunio arfbais?

Roedd yr arfbais ar ffurf tarian ac roedd honno'n cael ei rhannu mewn gwahanol ffyrdd:

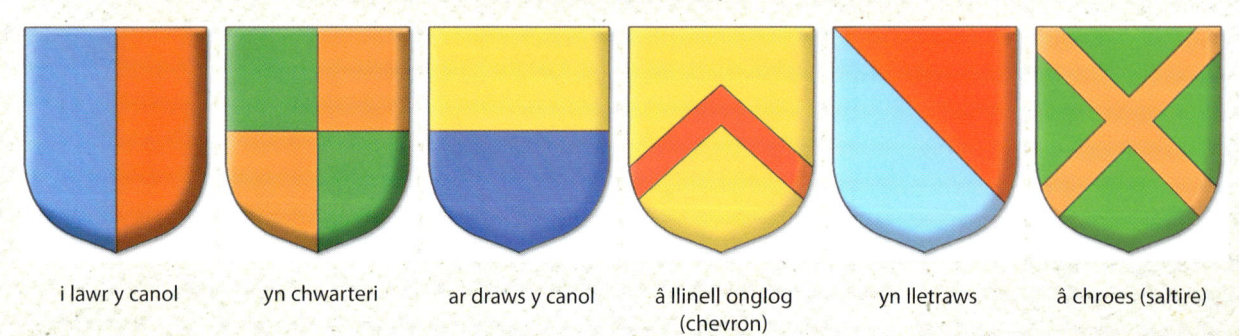

| i lawr y canol | yn chwarteri | ar draws y canol | â llinell onglog (chevron) | yn lletraws | â chroes (saltire) |

Roedd defnyddio anifeiliaid, pysgod a blodau'n gyffredin hefyd, e.e. llew ar ei goesau ôl (rampant)

Owain Glyndŵr Ceffyl Eryr

Heddiw, mae arfbeisiau gan bob cyngor sir a llawer o sefydliadau hefyd. Beth yw arfbais dy sir di?

Hen arfbais Cyngor Sir Gwynedd
[Cadernid Gwynedd]

Arfbais Cyngor Rhondda Cynon Taf
[Yma i'ch helpu]

Cyn dechrau ar dy gynllun, chwilia am arfbeisiau sydd mewn llyfrau neu ar y we i gael syniadau. Penderfyna sut y byddi di'n rhannu dy darian a pha anifail, pysgodyn neu flodyn y byddi di'n ei ddefnyddio i'w haddurno. Wedyn, gelli ychwanegu anifeiliaid ac yn y blaen bob ochr iddi. Beth am ysgrifennu dy hoff ddihareb neu ddywediad o dan yr arfbais?

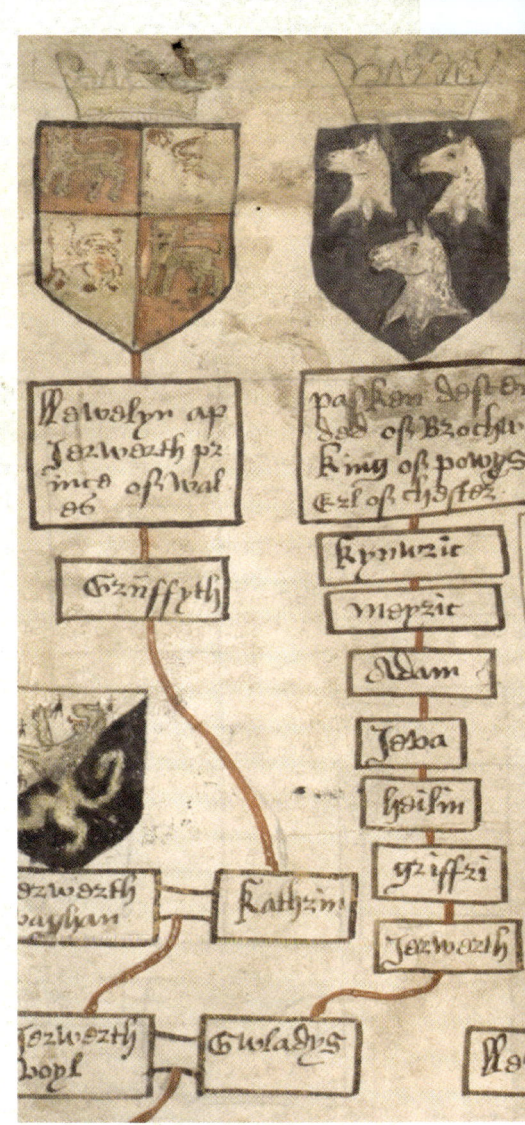

Darn o rolyn ach Edward Almer, Plas Nant Gwyn, Sir Ddinbych, a luniwyd gan Rhys Cain yn 1602

[Llewelyn ap Iorwerth . . .] (Llywelyn Fawr)

[Llowarch ap Brân . . .]

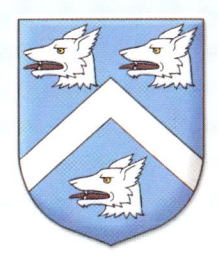

[Riryd Blaith, lord of Penllyn . . .]

[Ednowen Bendew of Tegeingl . . .]

[Pasgen descended of Brochwel, King of Powys . . .]

Enwau'r Cymry

Roedd y Cymry'n cael eu henwi ar ôl eu tad a'u taid – roedd 'ap' ('ab' o flaen llafariad) yn golygu 'mab'. Hywel ap Cadell = Hywel mab Cadell, Gruffudd ap Llywelyn ap Rhodri = Gruffudd mab Llywelyn mab Rhodri (Llywelyn oedd enw'r tad, Rhodri oedd enw'r tad-cu). Weithiau hefyd roedd ansoddair yn cael ei ddefnyddio i ddisgrifio'r person – Dafydd Fychan (un byr oedd Dafydd); Rhys Ddu/Goch (roedd gan Rhys wallt tywyll neu wallt coch); Rhodri Mawr, Hywel Dda. Tybed sut cafodd Ednowen Bendew ei enw?

Roedd y Saeson yn methu ynganu'r enwau Cymraeg, a dechreuon nhw Seisnigo'r enwau a gadael yr 'ap' allan. Felly daeth Siôn ap Dafydd yn John Davies.

Mae'r rhan fwyaf o'r cyfenwau Cymraeg yn dod o enwau bedydd:
Siôn > Jones
Hywel > Howells
Gruffudd > Griffiths
Ifan > Evans
Dafydd > Davies
Cynrig > Kenrick
Rhys > Rees/Rice

Maredudd > Meredith
Rhydderch > Roderick
Mae'r 'ap' neu'r 'ab' i'w weld mewn cyfenwau fel
ab Ifan > Bevan
ap Hywel > Powell
ap Rhys > Price
ab Owen > Bowen

Cafodd yr ansoddeiriau eu Seisnigo hefyd:
Fychan > Vaughan
Goch > Gough
Llwyd > Lloyd / Floyd
Moel > Voyle
Gam > Games
Du > Dee

Beth yw dy gyfenw di? Wyt ti'n nabod rhywun sydd ag enw Cymraeg, fel 'Ieuan ap Huw', Mari Siôn yn lle Mari Jones? Sut byddet ti'n Cymreigio eich dy enw di?

Owain Gwynedd a Harri II
Gwersyll ar fynyddoedd y Berwyn, 1165

"Mae Owain Gwynedd yn ddraenen yn fy ystlys i," meddai Harri II, brenin Lloegr, un prynhawn o wanwyn yn 1165. Roedd e'n gynddeiriog. Trawodd y bwrdd pren o'i flaen yn galed â'i ddwrn modrwyog. "Ddwy flynedd yn ôl, fe ddaeth e yma i Rydychen Fe dyngodd lw y byddai'n ffyddlon i mi. Ond beth mae e wedi bod yn ei wneud ers hynny? Gwneud popeth ond bod yn ffyddlon i mi. Gwrthryfela, a chynllwynio gyda brenin Ffrainc, Louis VII, i ymladd yn fy erbyn, dyna mae e wedi bod yn ei wneud."

"Mae'n rhaid i chi daro'n ôl, frenin," meddai un o'i ddynion. "Dyw hi ddim yn iawn fod Owain Gwynedd yn ymddwyn fel hyn. Mae'n ei alw ei hun yn 'Dywysog Cymru' pan fydd yn ysgrifennu at y Pab a brenin Ffrainc."

"Ydy, mi wn, y gwalch," meddai Harri II. "Mae'n bryd i Owain weld grym Lloegr ar waith. Dwi'n benderfynol o'i drechu, costied a gostio."

Aeth Harri II ati o ddifrif i drefnu ymgyrch fawr yn erbyn y Cymry, yr ymgyrch fwyaf a fu erioed. Gwariodd £7,500 ar filwyr ychwanegol o'r cyfandir ac Iwerddon, gan brynu'r arfwisgoedd a'r arfau gorau iddyn nhw. Llwythodd ei ddynion ddigon o fwyd am ychydig wythnosau ar droliau. Yna, ymgasglodd y fyddin fawr yng Nghroesoswallt. Roedd sôn bod Owain Gwynedd a'i gefnogwyr wedi cyrraedd Corwen.

"Ble sydd orau i ni sefydlu gwersyll?" gofynnodd Harri II i'w ddynion. "Yng Nglyn Ceiriog mae'r frwydr i fod i ddigwydd."

"Ar fynyddoedd y Berwyn, syr," awgrymodd un ohonynt. "Fe fydd Owain Gwynedd yn dod o gyfeiriad Corwen. Os sefydlwn ni ein gwersyll ar fynyddoedd y Berwyn, fe welwch chi y byddwn ni wedyn o fewn cyrraedd i Lyn Ceiriog."

"Ardderchog," meddai'r brenin. "Mae hi'n haf braf, ac fe fydd awel y mynydd yn gwneud byd o les i'r milwyr cyn y frwydr."

I ffwrdd â Harri a'i fyddin, gan edrych ymlaen at fuddugoliaeth hawdd yn erbyn Owain Gwynedd.

Ond doedd y brenin ddim yn sylweddoli pa mor uchel oedd mynyddoedd y Berwyn. Hyd yn oed ym mis Awst, roedd hi'n ddigon oer yno. Ac ar ben hynny, daeth storm enbyd a methodd y

fyddin symud am wythnosau.
Un bore, aeth ei ddynion ato:
"Frenin, mae'r cogydd yn dweud bod y bwyd wedi dod i ben. Mae'r milwyr yn llwgu ac yn wan. Maen nhw'n cwyno'n ddifrifol. Allwn ni mo'u hanfon nhw i frwydro fel hyn."

"Beth?" meddai Harri'n wyllt gacwn. "Ond mae'n rhaid i'r frwydr ddigwydd."

"Ein cyngor ni fyddai i chi droi am adref," meddai'r dynion. "Does dim diben i chi fynd i Lyn Ceiriog; fe fydd Owain Gwynedd a'i filwyr yn llawer cryfach na ni ar ôl bod yn gwersylla yn y dyffryn."

"Cam gwag oedd dod i fynyddoedd y Berwyn," meddai Harri. "Cam gwag yn wir. Mae'r holl ymgyrch yn fethiant llwyr. A minnau wedi gwario'r holl arian a pharatoi mor drylwyr. Fe fydd Owain Gwynedd yn chwerthin am ein pennau ni."

Meddyliodd Harri'n ddwys am dipyn. Ond yna, daeth gwên gam ar ei wefusau.

"Fe fydd Owain Gwynedd yn meddwl ei fod wedi ennill. Ond fe gaf i ddial arno hefyd. Ble mae'r gwystlon?"

"Y gwystlon Cymreig, plant tywysogion Cymru, syr? Yma gyda ni, rhag ofn y byddai'n rhaid bargeinio ar ôl y frwydr."

"Mae rhai o blant Owain yno hefyd, on'd oes?"

"Oes, syr."

"Wel, curwch nhw'n greulon a thorrwch eu coesau a'u breichiau. A gan fod Owain Gwynedd yn dal yn ben tywysog ar y wlad fach ddiflas hon, chân nhw ddim gweld tir Cymru byth eto. Dwi'n rhoi gorchymyn i chi eu dallu nhw â phocer chwilboeth."

Crechwenodd Harri, cododd ar gefn ei farch, a throi ei ben i gyfeiriad Lloegr.

Ffordd y Saeson, y Berwyn

Owain Gwynedd
(teyrnasu o 1137 hyd 1170)

Roedd Owain Gwynedd yn fab i Gruffudd ap Cynan (t. 22). Ceisiodd ennill tir yn y gogledd-ddwyrain i gyfeiriad Caer, felly daeth Harri II, brenin Lloegr, i oresgyn gogledd Cymru. Collodd Owain frwydr yn erbyn Harri ym Mhenarlâg, ac yn 1163, bu'n rhaid iddo fynd i blas Harri yn Woodstock, ger Rhydychen, i addo bod yn ffyddlon iddo. Roedd ei nai yr Arglwydd Rhys (t. 36) o Ddeheubarth a Malcolm, brenin yr Alban, gydag ef y pryd hwnnw. Ond bu Owain Gwynedd a'r Arglwydd Rhys yn gwrthryfela yn erbyn Harri yn 1164, a phenderfynodd Harri II arwain ymgyrch fawr yn erbyn Owain, fel mae'r stori'n sôn, yn haf 1165. Penderfynodd Harri II beidio ag ymosod ar Gymru wedi hynny.

Pam roedd Owain Gwynedd yn bwysig?

♛ Owain Gwynedd oedd y cyntaf i'w alw ei hun yn Dywysog Cymru.
♛ Fe oedd arweinydd mwyaf Cymru yn y ddeuddegfed ganrif ac yn 'ben' ar holl dywysogion eraill Cymru yn y cyfnod.
♛ Daeth tywysogion eraill, fel Llywelyn ap Iorwerth (t. 46) a Llywelyn ap Gruffudd (t. 51) ar ei ôl, oedd eisiau bod yn dywysogion ar Gymru gyfan.

Castell Carreg Cennen

Yr Arglwydd Rhys ap Gruffudd
Yr Eisteddfod gyntaf, 1176

Dathlu'r Arglwydd Rhys yn yr Eisteddfod Genedlaethol

Roedd hi'n adeg y Nadolig, 1175, a'r Arglwydd Rhys ap Gruffudd o Ddeheubarth yn ei gastell yn Aberteifi. Roedd wedi cipio'r castell ryw ddeng mlynedd ynghynt ac, yn ddiweddar, roedd wedi ei ailgodi mewn carreg.

Galwodd un o'i wŷr ato.

"Wyt ti'n hoffi'r castell hwn?" gofynnodd yr Arglwydd Rhys iddo, er ei fod yn gwybod yr ateb yn barod.

"Wrth gwrs, Arglwydd Rhys," oedd yr ateb. "Dwi'n teimlo'n falch iawn fy mod yn cael byw yma gyda chi. Chi yw'r tywysog o Gymro cyntaf i adeiladu castell carreg fel hwn."

"Ie'n wir," atebodd yr Arglwydd Rhys, "hwn yw fy hoff gartref, er fy mod yn dal i fwynhau mynd i Ddinefwr o bryd i'w gilydd hefyd. Clyw, mae gen i syniad. Dwi'n awyddus i ddangos y lle yma i bawb. Mae'r Neuadd Fawr yn lle delfrydol i gynnal gŵyl fawr. Gŵyl lle bydd beirdd a cherddorion yn cystadlu yn erbyn ei gilydd. Beth yw dy farn?"

"Syniad ardderchog, syr. Beth hoffech chi i mi ei wneud?"

"Wel, rhaid rhoi gwybod i bawb mewn da bryd. Fe gaiff yr ŵyl ei chynnal flwyddyn i nawr, adeg y Nadolig 1176. Fe fydd dwy gystadleuaeth . . ."

"Un i feirdd, ac un i gerddorion."

"Ie, dyna ti. Fe fydd cadair i enillydd pob cystadleuaeth a gwahoddiad i bawb o uchelwyr y deyrnas ddod i wledd fawr."

Felly, dyma gyhoeddi'r ŵyl drwy'r deyrnas i gyd ac, ymhen y flwyddyn, roedd Neuadd Fawr castell Aberteifi'n orlawn.

Ar ôl i bawb gael bwyd a diod, cododd yr Arglwydd Rhys ar ei draed i annerch y gynulleidfa. Roedd hi'n gynulleidfa hardd iawn, a phawb wedi dod yn eu gwisgoedd gorau, rhai lliwgar dros ben, nid rhai llwydaidd fel dillad y bobl gyffredin. Roedd gwyrdd a melyn yn boblogaidd iawn ymhlith y dynion, gydag ychydig o aur os gallent ei fforddio. Gwisg wen neu felen o sidan oedd am y merched, a chot fer neu wasgod drosti. Roedd gan sawl merch orchudd dros eu pennau a thlysau o aur neu feini gwerthfawr yn addurno'r talcen.

"Diolch i chi i gyd am ddod i'r ŵyl hon," meddai'r Arglwydd Rhys. "Mae'n bleser eich gweld chi. Gobeithio eich bod chi i gyd yn mwynhau yma yn Aberteifi.

"Mae'n rhaid dweud fy mod i'n llawer hapusach heddiw nag oeddwn i ryw ddeunaw mlynedd yn ôl. Os cofiwch chi, roeddwn i yn Lloegr ar y pryd, yn garcharor i Harri'r ail. Dyma'r cyfarwydd i adrodd stori fach am y cyfnod hwnnw."

Cododd y cyfarwydd ar ei draed, a dechrau adrodd y stori:

"Roedd Harri eisiau ymosod ar gastell Dinefwr tra oedd yr Arglwydd Rhys yn garcharor yn Lloegr, felly anfonodd farchog i gasglu gwybodaeth amdano. Gofynnodd y marchog i offeiriad o'r enw Gwion fynd ag ef i Ddinefwr, gan ddilyn y llwybrau mwyaf dymunol. Ond, Cymro cyfrwys oedd Gwion, a dyma fe'n mynd â'r marchog ar hyd y llwybrau mwyaf creigiog a pheryglus. Bob hyn a hyn hefyd, byddai Gwion yn plygu i lawr, yn codi dyrnaid o borfa ac yn ei fwyta. Roedd y marchog wedi synnu, ac ar ôl dychwelyd at Harri, dywedodd wrtho am beidio â cheisio cipio Dinefwr. Roedd y llwybrau yno'n rhai ofnadwy ac roedd y bobl leol yn bwyta porfa fel anifeiliaid! Penderfynodd Harri na fyddai'n mentro ymosod ar Ddinefwr, a chafodd yr Arglwydd Rhys ei ryddhau!"

Chwarddodd pawb yn uchel. Roedd pawb wrth eu bodd gyda'r wledd a'r diddanwch. Roedd gan bawb barch mawr i'r Arglwydd Rhys: roedd yn hael mewn heddwch, ond fel llew yn chwipio'r llawr â'i gynffon mewn dicter pan fyddai rhyfel.

Wedyn, tro'r beirdd a'r cerddorion oedd hi. Roedd rhai o bob cwr o Gymru wedi dod i Aberteifi. Parhaodd y cystadlu am oriau a phawb yn rhyfeddu at gampau'r beirdd, y telynorion, y crythorion a'r pibyddion. Roedd Rhys wrth ei fodd pan enillodd telynor o'i lys ef ei hun y gadair i gerddorion. Bardd o Wynedd enillodd y gadair am farddoni, a gwaeddodd pawb o Wynedd yn groch.

Aeth y gwledda a'r mwynhau ymlaen am rai dyddiau, a phawb yn canmol yr ŵyl, yr eisteddfod gyntaf i'w chynnal erioed.

37

Yr Arglwydd Rhys
(1132–97)

Roedd yr Arglwydd Rhys yn fab i Gwenllïan a Gruffudd ap Rhys (t. 28). Dim ond pedair oed oedd e pan laddwyd ei fam ger castell Cydweli a'i dad hefyd ychydig yn ddiweddarach.

Roedd yn llwyddiannus iawn yn ymosod ar y Normaniaid, ac arweiniodd y brenin Harri II (t. 34) sawl ymgyrch yn ei erbyn.

Cafodd ei garcharu am gyfnod yn 1163, ac aeth wedyn i dalu gwrogaeth i'r brenin gydag Owain Gwynedd (t. 34). Yn y pen draw, daeth Harri II yn gyfaill i'r Arglwydd Rhys, a rhoddodd swydd Ustus Deheudir Cymru iddo.

Cafodd Rhys ei garcharu gan ddau o'i feibion ei hun yn 1195.

Roedden nhw wedi dechrau cweryla ymysg ei gilydd pwy fyddai'n cael tiroedd Rhys ar ôl iddo farw. Bu farw yn 1197 a chafodd ei gladdu yn Eglwys Gadeiriol Tyddewi.

Cynhaliwyd yr Eisteddfod Genedlaethol yn Aberteifi yn 1976, i gofio bod 800 mlynedd ers yr eisteddfod gyntaf.

Pam roedd yr Arglwydd Rhys yn bwysig?

- ♛ Yr Arglwydd Rhys oedd y mwyaf grymus o blith rheolwyr Deheubarth. Ar ôl i Owain Gwynedd (t. 34) farw yn 1170, fe oedd rheolwr mwyaf grymus Cymru.
- ♛ Rhoddodd lawer o arian i'r mynachlogydd yn Hendy-gwyn ac Ystrad Fflur a sefydlodd abaty Talyllychau.
- ♛ Cynhaliodd yr Eisteddfod gyntaf yn Aberteifi yn 1176.

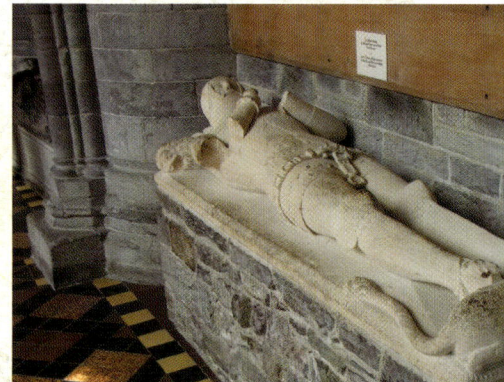

Arch yr Arglwydd Rhys yng Nghadeirlan Tyddewi

Castell Aberteifi

Castell Dinefwr

Arwyr ein Gwlad

Y tywysogion oedd arwyr eu dydd. Roedd beirdd yn llunio cerddi amdanyn nhw ac roedd y Cymry'n hoffi clywed am hanes eu brwydrau ac ati.

Pwy yw dy arwr neu dy arwres di? Dyma rai syniadau – arwyr modern o Gymru:

Shane Williams
Aaron Ramsey
Dafydd Iwan
Cerys Matthews

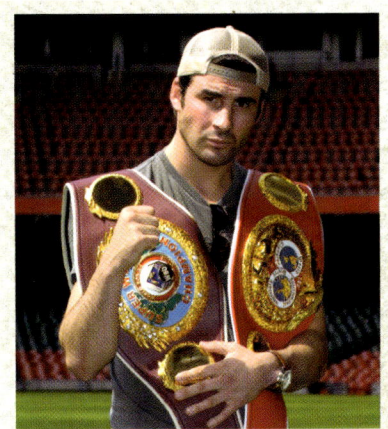

Cerflun Llywelyn Fawr yng Nghonwy

Joe Calzaghe

Ti yw mab Gwenllïan [Yr Arglwydd Rhys]

Weli di'r llwydrew ar y glaswellt, Rhys?
Glywi di'r gwynt yn oer fel cleddyf glân?
Sgerbydau'r coed yn chwifio'u hesgyrn, Rhys,
Ond yn yr afon, Gwenllïan ydy'r gân.

Mae'r blagur ar y brigau, Rhys,
Yn gynnar heddiw y daw golau'r wawr,
Ar ochr y maes, mae'r cennin melyn, Rhys,
Mae'r dryw'n canu yn y coed yn awr.

Daw'r plant o Fynydd y Garreg i chwarae, Rhys,
I ymladd Norman eto'n ddewr ac yn ffôl,
Ond ym mrwydrau'r plant mae'r Cymry'n ennill, Rhys,
Ysbryd Gwenllïan yn cipio'r tir yn ôl.

Blwyddyn 5, Ysgol Gymraeg Parc y Tywyn

Ray Gravell

Graf
(Er cof annwyl am Ray Gravell)

Cefais dy ddewis
Yn laslanc
I ddangos dy ddoniau a'th dalent
Ar faes y gad –
Ar gae rygbi'r genedl.
Arwr.

Cefaist dy ddewis eilwaith
Yn ŵr yn ei oed a'i amser
I ddangos dy wên a'th wroldeb
Ar faes y gad –
O gwmpas bwrdd te'r genedl.
Gwir arwr.

Carys Jones

Duffy

Ryan Giggs

Mae'r rhain yn arwyr cenedlaethol – ond efallai fod gen ti arwr lleol na fyddai pobl ledled Cymru'n gwybod amdano/amdani. Beth am ysgrifennu cerdd neu bortread o'th arwr/arwres di? Edrych ar y we i weld pa wybodaeth sydd yno amdano/amdani. Gelli ychwanegu ffotograff neu dynnu llun ohono/ohoni hefyd.

39

Y CYMRO

Mawrth 1188

DEWCH I YMLADD!

Mae Cymru'n edrych ymlaen yn frwd at ymweliad yr Archesgob Baldwin o Gaergaint â Chymru dros y chwe wythnos nesaf. Meddai'r Archesgob ddoe:

"Mae hwn yn ymweliad arbennig iawn. Rwyf wedi dod i Gymru i geisio perswadio Cymry i ymuno â'r groesgad. Y llynedd, cipiodd Saladin y Twrc ddinas sanctaidd Caersalem/Jerwsalem, ac mae'n rhaid i ni fynd i frwydro i adennill y ddinas. Felly, dewch i gymryd y Groes. Os ymunwch chi â ni, cewch groes goch i'w gwnïo ar eich clogyn."

Mae'r Archesgob Baldwin yn gobeithio perswadio tair mil o bobl Cymru i fynd ar y groesgad i Gaersalem.

Mae Gerald de Barri, neu Gerallt Gymro i ni'r Cymry, yn rhan o osgordd yr Archesgob. Fe gofiwch ei fod yn perthyn i'r Arglwydd Rhys. Felly mae'n siŵr o gael croeso mawr yn Aberteifi. Meddai Gerallt:

"Rwyf yn edrych ymlaen at yr ymweliad yma. Rwy'n gobeithio ysgrifennu nodiadau i ddisgrifio'r pethau sy'n digwydd a'r pethau a welaf ar y daith."

Beddau tywysogion ac abadau yn Ystrad Fflur

Gerallt Gymro
(1146–1223)

Cafodd Gerallt ei eni ym Maenorbŷr, Penfro. Roedd teulu ei dad yn Normaniaid, a hanner teulu ei fam yn Gymry. Roedd ganddo ewythr oedd yn Esgob Tyddewi. Cafodd ei addysgu yng Nghaerloyw a Pharis, a dod yn ôl i Gymru i fod yn offeiriad ac yn Archddiacon Brycheiniog; yna bu'n athro'r gyfraith ym Mharis am rai blynyddoedd.

Teithiodd Gerallt lawer: yng Nghymru, Lloegr ac Iwerddon. Aeth hefyd i ymweld â'r Pab yn Rhufain dair gwaith. Methodd gael ei benodi'n Esgob Tyddewi, mae'n debyg oherwydd bod Cymry yn ei deulu. Ysgrifennodd lawer iawn o lyfrau sy'n ddiddorol i ni heddiw, fel *Taith trwy Gymru* a *Disgrifiad o Gymru*.

Pam roedd Gerallt Gymro'n bwysig?

♛ Rydyn ni wedi dysgu llawer am Gymru yn y deuddegfed ganrif o lyfrau Gerallt.

Taith Gerallt Gymro, 1188

Yn ystod y daith, ysgrifennodd Gerallt lythyr at Stephen de Grey, un o'i ffrindiau.

Abaty Ystrad Fflur
Ebrill 1188

Annwyl Stephen,

Rwyf ar daith yng Nghymru ers ychydig wythnosau ac yn mwynhau, rhaid dweud. Y peth pwysig, wrth gwrs, yw fod yr Archesgob Baldwin wedi llwyddo i berswadio nifer da o Gymry i gymryd y groes.

Mae'n ddigon anodd teithio o le i le: mae'r tir yn fynyddig neu'n goediog iawn. Er bod ambell ffordd Rufeinig, rhaid i'r ceffylau ddilyn llawer iawn o lwybrau troed. Mae pethau digon rhyfedd wedi digwydd! Wrth groesi'r traeth byw yn aber afon Nedd, dechreuodd fy ngheffyl suddo! Roedd rhaid i sawl un ohonom ei dynnu allan neu fe fyddai wedi boddi.

Mae'r Cymry'n rhoi croeso brwd iawn i ni. Weithiau byddwn ni'n aros dros nos yn eu cartrefi syml, to gwellt. Byddwn yn gorwedd ar fatiau brwyn ar y lloriau pridd ac yn rhannu eu bwyd. Dim ond dau bryd y dydd y maen nhw'n ei fwyta, brecwast a swper. I frecwast mae bara ceirch a chaws, gydag ychydig o gwrw gwan neu ddŵr i'w yfed. Gyda'r nos maen nhw'n cael cawl neu botes wedi'i wneud o lysiau o'r ardd wrth y tŷ. Fyddan nhw ddim yn bwyta cig yn aml iawn. Ar ôl bwyta swper, bydd y Cymry'n siarad llawer am bobl yr ardal – pwy sy'n perthyn i'w gilydd ac ati. Roedd pawb yn gwybod bod Nest, fy mam-gu, yn ferch i Rhys ap Tewdwr o Ddeheubarth!

Rwyf i wrth fy modd yma yn Abaty Ystrad Fflur ac mae cwmni'r brodyr gwynion yn arbennig iawn. Mae rhyw chwe deg ohonyn nhw yma i gyd. Mae'n anodd cysgu drwy'r nos yma, gan fod y brodyr yn cynnal wyth gwasanaeth yn ystod y dydd a'r nos, a'r cyntaf am ddau o'r gloch y bore. Ar ôl y trydydd gwasanaeth am chwech y bore, bydd brecwast yn y ffreutur. Fydd neb yn siarad yn ystod y prydau bwyd, ond bydd un o'r mynachod yn darllen o'r Beibl yn Lladin. Maen nhw'n bwyta'n dda, gyda digon o fara a gwin. Rhwng y gwasanaethau bydd y mynachod yn copïo llawysgrifau neu'n gweithio yn y caeau, yn gofalu am y cnydau neu'r defaid.

Wrth deithio o gwmpas, bydd yr Archesgob yn rhoi anerchiad yn yr eglwysi newydd sydd wedi eu codi ym mhob pentref, bron. Maen nhw o garreg ac ar ffurf croes, gyda phorth mawr fel arfer. Ar y muriau y tu mewn mae darluniau o hanesion o'r Beibl oherwydd dyw'r bobl gyffredin ddim yn gallu darllen y Beibl. Mae meinciau o garreg ar hyd ochrau'r adeilad i'r uchelwyr a'r hen bobl, ond rhaid i'r bobl gyffredin sefyll ynghanol yr eglwys neu eistedd ar y llawr ar frwyn.

Rwyf wedi dechrau ysgrifennu llyfr am y daith, 'Taith drwy Gymru' fydd ei enw, rwy'n meddwl.

Gan edrych ymlaen at dy weld eto
Yn gywir iawn

Gerald de Barri

Taith Gerallt Gymro a Tai Crefyddol Cymru

Allwedd:
- Taith Gerallt Gymro — — —
- Benedictiaid ✱
- Sistersiaid ◆
- Ffransisiaid ●
- Dominiciaid ✚
- Carmeliaid ▼
- Cluniaid ▢
- Awstiniaid ▢
- Tironiaid ▲
- Lleiandai ✝
- Premonstratensiaid ▢

Lleoliadau:

Penmon, Llan-faes, Rhuthun, Maes-glas, Conwy, Llanelwy, Dinas Basing, Caer, Bangor, Dinbych, Caernarfon, Beddgelert, Glyn-y-groes, Nefyn, Llanfair, Cymer, Ystrad Marchell, Amwythig, Llanllugan, Tywyn, Cwm-hir, Llanbadarn, Llwydlo, Ystrad-fflur, Maesyfed, Llanllŷr, Llanddewibrefi, Aberteifi, Llanbedr Pont Steffan, Y Gelli, Henffordd, Llandudoch, Talyllychau, Llanddewi Nant Hodni, Aberhonddu, Tyddewi, Hendy-gwyn ar Daf, Caerfyrddin, Y Fenni, Trefynwy, Hwlffordd, Sanclêr, Cydweli, Brynbuga, Tyndyrn, Penfro, Llantarnam, Cas-gwent, Caerllion, Ynys Bŷr, Basaleg, Casnewydd, Abertawe, Castell-nedd, Margam, Ewenni, Caerdydd, Ynys y Barri

42

Dyddiadur Crwydro

Ysgrifennodd Gerallt Gymro ddyddiadur wrth grwydro o amgylch Cymru.

Beth am ysgrifennu dy ddyddiadur crwydro dy hunan gan ddisgrifio'r bobl a'r lleoedd rwyt ti'n eu gweld? Yn wahanol i Gerallt, mae'n bosib i ti dynnu ffotograffau hefyd. Neu beth am dynnu ambell lun a'u lliwio? Dyma rai syniadau:

Dyddiadur Eisteddfodau – yr Eisteddfod Genedlaethol neu Eisteddfod yr Urdd mewn gwahanol rannau o Gymru, neu eisteddfodau lleol. Os wyt ti'n cystadlu, ysgrifenna am y gystadleuaeth a'r beirniaid neu, fel arall, sonia am y stondinau neu'r digwyddiadau gyda'r nos.

Dyddiadur Pêl-droed neu Rygbi – wrth i ti ddilyn dy hoff dîm, sonia am yr hyn sy'n digwydd yn y gêm, pwy sy'n sgorio, rho farciau allan o ddeg i'r chwaraewyr.

Dyddiadur Nofio – wyt ti'n un o'r rhai sy'n cystadlu ar benwythnosau? Beth am ysgrifennu am dy berfformiad dy hunan a'r rhai eraill sy'n cystadlu?

Dyddiadur Clwb Ffermwyr Ifainc – wrth fynd i rali ffermwyr ifainc neu gystadlaethau eraill, sonia am y cystadlaethau rwyt ti'n eu hoffi orau, y paratoi a'r cystadlu ei hun.

Dyddiadur Ralïo – efallai dy fod yn hoffi dilyn ceir a mynd i goedwigoedd Cymru i'w gwylio.

Dyddiadur Band Pres – wyt ti'n cystadlu gyda'r band dros Gymru a Lloegr? Disgrifia'r cystadlu a'r hwyl gyda gweddill y band. Pwy yw'r cymeriadau mwyaf lliwgar?

Dyddiadur Dangos Anifeiliaid – oes gen ti anifail / anifeiliaid anwes rwyt ti'n eu dangos? Ysgrifenna am y gwaith paratoi a'r profiad o ddangos dy anifail anwes. Beth am yr anifeiliaid eraill sy'n cystadlu?

Mynachod a Lleianod

Roedd llawer o ddynion yn dewis mynd i wasanaethu Duw drwy fod yn fynach, a byw mewn mynachlog. Roedd menywod yn mynd yn lleianod, a byw mewn lleiandy.

Roedd gwahanol fathau o fynachod, neu 'frodyr', yng Nghymru yng nghyfnod Gerallt Gymro:

Brodyr duon – mewn gwisgoedd llaes du. Benedictiaid oedden nhw (Urdd San Bened). Sefydlodd y Normaniaid lawer o fynachlogydd fel hyn yn ymyl eu cestyll. Doedd y Cymry ddim yn rhy hoff ohonyn nhw gan fod llawer yn dod o Normandi.

Brodyr gwynion – mewn gwisgoedd o wlân heb ei liwio. Sistersiaid oedden nhw, o Citeau yn Ffrainc. Roedd y Tywysogion Cymreig yn eu cefnogi ac yn rhoi arian iddyn nhw.

Abaty Llandudoch

Abaty Talyllychau

Byddai'r mynachod yn treulio llawer o amser yn ysgrifennu. Ar femrwn y bydden nhw'n gwneud hynny, sef croen wedi'i baratoi'n arbennig fel bod modd ysgrifennu neu beintio arno. Bydden nhw'n copïo darnau o'r Beibl a hefyd yn rhoi cerddi'r beirdd ar gof a chadw.

Roedd llawer o fynachod yn hoffi cofnodi hanes a byddent yn gwneud hynny ar ddiwedd pob blwyddyn. Casglodd mynachod Ystrad Fflur y wybodaeth hon at ei gilydd a llunio cronicl o hanes Cymru o'r enw *Brut y Tywysogion*. Mae'n rhoi darlun o sut roedd pethau o ddiwedd y seithfed ganrif hyd farwolaeth Llywelyn ap Gruffudd (ein Llyw Olaf) yn 1282.

Ailgread o Abaty Glyn-y-groes

- Afon Eglwyseg
- Allor
- Corff yr eglwys
- Pysgodlyn
- Perllan
- Dortur y mynachod
- Ceudai / toiledau'r mynachod
- Clawstrau
- Cabidyldy
- Dortur y brodyr lleyg
- Ffynnon
- Ffreutur y brodyr lleyg
- Cegin
- Ffreutur y mynachod
- Gweddillion Abaty glyn-y-groes heddiw
- Fferm yr abaty

Llywelyn ap Iorwerth (Llywelyn Fawr)
Bore Sul yn Nhrefriw, tua 1220

Roedd hi'n fore Sul braf o wanwyn yn 1220, a Llywelyn Fawr a'i wraig Siwan yn eu llys yn Nhrefriw. Edrychai Llywelyn drwy'r ffenest ar afon Conwy'n llifo'n rhuban glas gerllaw. Roedd e'n edrych ymlaen at fynd i'r gwasanaeth yn Eglwys Llanrhychwyn fel arfer ar fore Sul.

"Dwi wrth fy modd â'r daith i fyny i Eglwys Llanrhychwyn," meddai Llywelyn Fawr. "Mae'n gyfle i gael ychydig o awyr iach y peth cyntaf yn y bore fel hyn."

Gwgodd Siwan. Doedd hi ddim yn hoffi'r daith serth i fyny'r bryn i'r eglwys. Doedd hi erioed wedi cwyno o'r blaen, ond heddiw, dyma hi'n mentro gwneud.

"F'arglwydd Llywelyn," dechreuodd Siwan, "dwi'n gwybod dy fod ti'n hoffi Eglwys Llanrhychwyn."

"Wrth gwrs hynny," meddai Llywelyn, gan roi mantell goch amdano. "Fi sefydlodd yr Eglwys, lai na milltir o fan hyn. Mae hi mewn man cyfleus i ni fynd i addoli ar y Sul."

"Ond dyna'r pwynt," meddai Siwan, "dyw hi ddim mewn man cyfleus. Mae'r daith i fyny'r bryn yn serth iawn a dwi wedi hen flino arni."

"Beth wyt ti'n disgwyl i mi ei wneud?" meddai Llywelyn yn swta. "Adeiladu eglwys arall oherwydd nad wyt ti'n fodlon dringo bryncyn bychan?"

"Wel ie, wrth gwrs," meddai Siwan yn dawel. "Beth am gael eglwys yma yn Nhrefriw? Mater o groesi'r ffordd mewn munud i gyrraedd yr eglwys fyddai hi wedyn, nid cerdded am ryw ugain munud."

"Siwan, Siwan!" meddai Llywelyn. "Rwyt ti'n gofyn llawer gormod! Rwy wedi gwario digon ar adeiladau'n barod – y llys yn Aberffraw, y cestyll yng Nghastell y Bere, Criccieth, Dolwyddelan a Dolbadarn, heb sôn am yr arian rwy wedi'i roi i godi mynachlogydd yma a thraw. Rwy'n gwybod dy fod yn ferch i John, Brenin Lloegr, ac yn gyfarwydd â chael dy ffordd. Ond dwi'n bendant na fyddai e, hyd yn oed, yn fodlon adeiladu eglwys yn arbennig i ti!"

"Ond fe ddylet ti fod yn fodlon gwneud hynny, petai hi ond er mwyn diolch i mi!" meddai Siwan, gan godi ei llais ychydig.

"Er mwyn diolch i ti – am beth yn union?" gofynnodd Llywelyn.

"Wyt ti wedi anghofio sut es i at fy nhad?" Roedd Siwan yn wyllt gacwn erbyn hyn. "Pan oeddech chi eich dau yn rhyfela yn erbyn eich gilydd? Nid ar chwarae bach y bues i'n ymbil arno am heddwch, cofia. Fe allai fod wedi dy drechu di'r pryd hwnnw, a fyddet ti ddim wedi gallu dod yn dywysog ar Gymru gyfan. Hawdd iawn i ti anghofio popeth dwi wedi'i wneud i ti . . ."

"Siwan," meddai Llywelyn yn dyner. "Wrth gwrs nad ydw i wedi anghofio popeth rwyt ti wedi'i wneud i mi. Mae'n ddrwg gen i os yw hi'n ymddangos felly weithiau."

Edrychodd ar ei wraig yn hoffus. Roedd yn rhaid iddo gyfaddef na fyddai wedi llwyddo cystal hebddi. Roedd gwraig dda yn bwysig i bob tywysog.

"O'r gorau," meddai Llywelyn, "fe godaf eglwys i ti yma yn Nhrefriw . . . Ond bydd rhaid i ti gerdded gyda mi i Eglwys Llanrhychwyn y bore 'ma, serch hynny."

Arch Llywelyn Fawr yn eglwys Llanrwst

Llywelyn ap Iorwerth
(Llywelyn Fawr) (1173–1240)

Roedd Llywelyn ap Iorwerth yn ŵyr i Owain Gwynedd (t. 34). Bu'n rhaid iddo ymladd â chefnder iddo cyn llwyddo i fod yn dywysog ar Wynedd Uwch Conwy. Roedd Llywelyn yn uchelgeisiol iawn. Roedd e eisiau rheoli pob tywysog ac arglwydd yng Nghymru a chael bod yn Dywysog Cymru. Priododd â Siwan, merch y Brenin John o Loegr. Bu Llywelyn yn ymladd tipyn â John a bu Siwan yn help iddo wrth geisio cael heddwch. Rhoddodd Llywelyn beth o'i diroedd yn Ninbych i'r brenin, ond penderfynodd wrthryfela yn ei erbyn a chipiodd y rhain yn ôl. O 1212 ymlaen, Llywelyn oedd tywysog mwyaf nerthol Cymru. Ei deitl o 1230 ymlaen oedd 'Tywysog Aberffraw ac Arglwydd Eryri'. Aberffraw oedd prif lys Gwynedd a Chymru.

Yn 1230, daliodd Llywelyn ddyn o'r enw Gwilym Brewys, arglwydd Brycheiniog a Buellt, yn yr ystafell wely gyda Siwan, ei wraig. Cafodd Gwilym Brewys ei grogi yng Nghrogen ger y Bala a daeth tua 800 o bobl i wylio. Cafodd Siwan ei charcharu am flwyddyn ond arhosodd hi a Llywelyn gyda'i gilydd wedyn.

Cododd Llywelyn nifer o gestyll cerrig yng Nghastell y Bere, Criciaeth, Dolwyddelan a Dolbadarn. Hefyd, rhoddodd dir i godi abaty Aberconwy.

Bu farw yn abaty Aberconwy ar 11 Ebrill 1240 a chafodd ei gladdu yno. Mae cerflun o Lywelyn Fawr ar sgwâr Conwy ac mae arch garreg Siwan yn Eglwys Biwmares.

Castell Criciaeth

Castell y Bere

Castell Dolbadarn

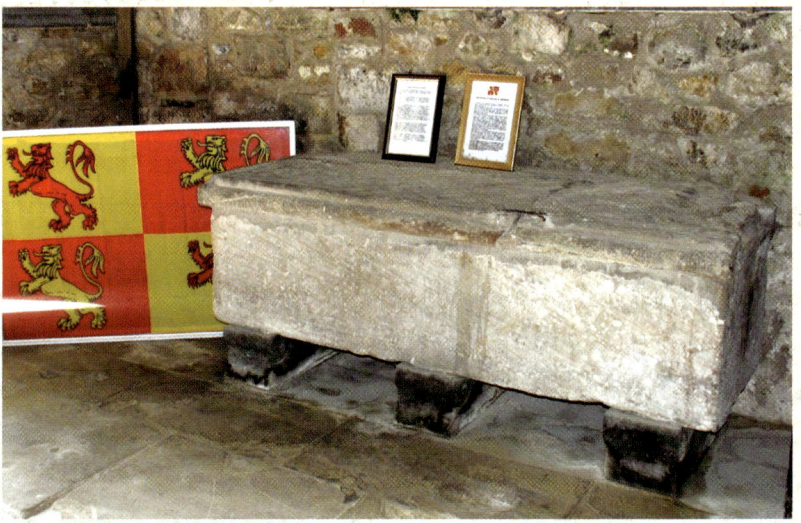

Cerflun Llywelyn Fawr, Conwy

Arch Siwan yn Eglwys Biwmares

Pam roedd Llywelyn Fawr yn bwysig?
- ♛ Roedd Llywelyn Fawr yn un o dywysogion mwyaf nerthol Cymru.
- ♛ Roedd e eisiau cael un dywysogaeth Gymreig.
- ♛ Cododd fwy o gestyll cerrig nag unrhyw dywysog o'i flaen.
- ♛ Roedd yn hael tuag at yr eglwys.
- ♛ Roedd yn ysbrydoliaeth i'w ŵyr, Llywelyn ap Gruffudd (t. 51).

Rhai o Brif Gestyll y Cymry

- Deganwy
- Dolbadarn
- Dinbych
- Ewlo
- Dolwyddelan
- Rhodwydd-yn-Iâl
- Cricieth
- Deudraeth
- Dinas Brân
- Madrun
- Carndochan
- Prysor
- Mathrafal
- Y Bere
- Dolforwyn
- Aberystwyth
- Ystradmeurig
- Llanrhystud
- Aberteifi
- Castell Hywel
- Nanhyfer
- Dinefwr
- Dryslwyn
- Carreg Cennen

Castell Dolwyddelan

49

Gruffudd ap Llywelyn
Carcharor yn Nhŵr Llundain, 1244

Gŵyl Ddewi, 1244, oedd hi, ac roedd Gruffudd ap Llywelyn yn garcharor yn Nhŵr Llundain ers tair blynedd hir.

Gallai pethau fod yn waeth, meddyliodd am y canfed tro. O leiaf roedd Harri III wedi gwneud yn siŵr ei fod yn cael aros mewn ystafell, nid mewn cell oer a llaith. Roedd ei fab hynaf Owain hefyd yn garcharor, ond byddai'n cael ei weld bob hyn a hyn. Byddai Senena ei wraig a'i feibion eraill yn cael dod i ymweld â nhw. Roedd hi'n braf cael siarad Cymraeg â nhw a cheisio anghofio am ei sefyllfa druenus.

Bai Dafydd, ei hanner brawd, oedd y cyfan. Roedd Dafydd wedi dwyn y tiroedd roedd Llywelyn Fawr, tad Gruffudd, wedi'u rhoi iddo yng Ngwynedd. Ac ar ben hynny, roedd wedi'i roi ef Gruffudd yn wystl i Harri III.

Roedd Harri wedi dod i siarad ag ef unwaith neu ddwy. Roedd wedi ymddangos yn ei wisg frenhinol, fel petai eisiau rhwbio halen yn y briw a gwneud i Gruffudd anobeithio'n llwyr. "Fe fydda i'n dy helpu i ddychwelyd i Gymru," roedd wedi dweud. "Fe gei di help i gael dy diroedd yn ôl." Ond roedd Gruffudd yn amheus. Wedi'r cyfan, roedd ef ac Owain yn fygythiad mawr i'r brenin. Doedd gan Dafydd ddim meibion, felly ar ôl iddo farw, ef neu Owain fyddai'n dod yn dywysog Cymru. Na, doedd Harri ddim ar frys i'w rhyddhau nhw.

Roedd Gruffudd ar ben ei dennyn. Allai e ddim aros yn y Tŵr tan iddo farw. Roedd yn rhaid iddo ddianc a mynd yn ôl i Wynedd i herio Dafydd. Roedd wedi meddwl am gynllun o'r blaen, a phenderfynodd ei roi ar waith.

Tynnodd y cynfasau oddi ar y gwely a rhwygo'r llenni o'r ffenestri. Dechreuodd eu clymu wrth ei gilydd a'u troi'n rhaff hir. Clymodd y rhaff yn sownd wrth goes y gwely, a'i thaflu allan drwy'r ffenest.

Arhosodd Gruffudd am funud. Roedd yn ofni y gallai rhai o'r milwyr fod wedi gweld y rhaff yn disgyn. Ond doedd dim siw na miw yn unman. Pwysodd allan o'r ffenest. Doedd dim sôn am neb. Yna, trodd, ac aeth allan wysg ei gefn o'r ffenest, gan gydio'n dynn yn y rhaff. Symudodd ei ddwylo i lawr yn araf. Oedodd am eiliad.

Yna'n sydyn, clywodd sŵn a yrrodd ias i lawr ei gefn – sŵn defnydd yn rhwygo. Doedd y rhaff ddim yn ddigon cryf!

Digwyddodd popeth yn sydyn iawn: syrthiodd Gruffudd o'r Tŵr a marw wrth lanio'n drwm ar y ddaear islaw.

Pam roedd Gruffudd ap Llywelyn yn bwysig?

♛ Gruffudd ap Llywelyn oedd tad Llywelyn ap Gruffudd, sef Llywelyn ein Llyw Olaf (t. 51).
♛ Mae'n dangos sut roedd meibion tywysogion Cymru yn ymladd yn erbyn ei gilydd am diroedd eu tad.

Roedd Gruffudd ap Llywelyn yn fab i Llywelyn Fawr a Thangwystl. Ar ôl i Llywelyn Fawr briodi Siwan (t. 46), daeth Dafydd, mab Siwan, yn etifedd swyddogol.

Cafodd Gruffudd ei roi'n wystl i'r Brenin John yn 1211, a'i gadw tan 1215. Rhoddodd Llywelyn Fawr lawer o dir i Gruffudd, ond yn 1228 aeth â'r tiroedd oddi wrtho a'i garcharu am chwe blynedd. Yn 1238, daliodd ei frawd Dafydd ef a'i roi'n wystl i Harri III. Cafodd ei garcharu yn Nhŵr Llundain ac wrth geisio dianc yn 1244, syrthiodd i'w farwolaeth. Roedd ganddo lawer o feibion, Owain, Llywelyn, Dafydd a Rhodri. Yr enwocaf o'r rhain yw Llywelyn ap Gruffudd a Dafydd ap Gruffudd (t. 51).

Llywelyn ap Gruffudd (Ein Llyw Olaf)
Brad yn y clochdy, 1282

Roedd criw o ddynion yng nghlochdy Cadeirlan Bangor. Ond doedden nhw ddim yno i ganu'r clychau. Roedd hi bron yn hanner nos ar noson rewllyd yn nechrau mis Rhagfyr, 1282. Roedd pob un call wedi mynd i'w wely i gadw'n gynnes. Doedd dim i'w glywed ond hwtian ambell dylluan – a lleisiau isel y dynion. Petaech chi wedi ceisio clustfeinio arnyn nhw, fyddech chi ddim wedi clywed llawer, roedden nhw'n sibrwd mor gyfrinachol. Dim ond ambell air, efallai, fyddai'n dianc ar yr awel, geiriau fel: "denu Llywelyn i rywle ymhell o Eryri", "cael gwared arno", a "rhoi cyfle i Dafydd, ei frawd". Oedd, roedd rhywbeth rhyfedd yn digwydd yng nghlochdy Cadeirlan Bangor. Roedd gwŷr tywysog Cymru, Llywelyn ap Gruffudd, yn paratoi i'w fradychu.

Cadeirlan Bangor

Llywelyn ap Gruffudd
Lladd Llywelyn ein Llyw Olaf, 1282

Ychydig wythnosau'n ddiweddarach, ar y 11eg o Ragfyr, 1282, roedd Llywelyn ap Gruffudd ar gefn ei farch mewn coedwig yng Nghilmeri, ger Llanfair-ym-Muallt. Roedd wedi dod yno gyda'i filwyr i helpu ei frawd, Dafydd, a oedd yn herio Edward I, brenin Lloegr.

Roedd y tir yn serth a haenen o eira yn ei gwneud hi'n llithrig iawn. Penderfynodd Llywelyn ddisgyn oddi ar ei farch, a'i arwain yn ofalus ar hyd y llwybr ar lannau afon Irfon.

Ar ddiwedd blwyddyn fel hyn, roedd Llywelyn yn edrych yn ôl. Doedd 1282 ddim wedi bod yn flwyddyn hapus iddo. Ym mis Mehefin, roedd ei wraig Eleanor wedi marw wrth eni baban. Roedd Llywelyn yn dotio at Gwenllian fach, wrth gwrs, ond roedd yn gweld eisiau ei wraig yn fawr.

Teimlai Llywelyn braidd yn flinedig. Erbyn hyn roedd yn 57 oed, ac roedd wedi treulio'r 30 mlynedd diwethaf yn ymladd – yn erbyn y Saeson: Arglwyddi'r Mers ac Edward I, a hefyd yn erbyn y Cymry: Gruffudd ap Gwenwynwyn o Bowys a'i frodyr, Owain, Dafydd a Rhodri. Petai'r pedwar brawd wedi dod at ei gilydd, fe fydden nhw wedi trechu Edward ers tro. Ond doedd ei frodyr ddim eisiau gweld Llywelyn yn dod yn dywysog. Roedd Rhodri a Dafydd wedi cefnogi Edward I ac roedd y brenin wedi rhoi tiroedd yn Lloegr i Rhodri yn wobr. Ond Dafydd oedd yr un peryglus. Gwyddai Llywelyn fod Dafydd wedi cynllwynio i'w lofruddio yn ôl yn 1274, ac roedd yn dal i fod yn amheus ohono.

Roedd y goedwig yn dawel a sylweddolodd Llywelyn mai dim ond criw bychan o filwyr oedd ganddo. I ble roedd y lleill wedi mynd? Cydiodd yn dynn yng ngharn ei gleddyf, gan ddal i arwain ei geffyl. Gwyddai'n reddfol fod rhywbeth o'i le.

Yn sydyn, ymddangosodd llu mawr o'u blaenau – milwyr y Saeson. Dyma nhw'n rhuthro tuag at y Cymry. Dechreuodd pawb ymladd a gweiddi'n groch.

Rhedodd un milwr at Lywelyn a'i waywffon yn barod i'w daro. Gollyngodd Llywelyn ei geffyl yn rhydd, tynnu ei gleddyf o'r wain a dechrau ymladd ag ef. Atseiniodd y cleddyf wrth daro'r waywffon dro ar ôl tro, a Llywelyn yn ymladd am ei fywyd. Ond roedd y milwr yn rhy gryf ac yn rhy gyflym; llwyddodd i drywanu Llywelyn a'i ladd.

Un o sir Amwythig oedd y milwr a laddodd Llywelyn, Stephen de Frankton. Roedd wrth ei fodd ei fod wedi lladd Cymro. Wedi'r cyfan, roedd gwobr o swllt (5c) am ben Cymro ac roedd swllt yn arian da iawn i filwr tlawd. Aeth ati i dorri'r pen a'i ddangos i'r milwyr eraill oedd newydd gyrraedd. Disgynnodd diferion o waed coch ar yr eira gwyn. Doedd e ddim wedi sylweddoli ei fod newydd ladd tywysog olaf Cymru yng Nghilmeri.

* * *

Lledodd y newyddion am ladd Llywelyn drwy Gymru benbaladr. Daeth mynachod Abaty Cwm-hir i nôl corff Llywelyn a'i gladdu yno. Ond roedd y Saeson, ar ôl sylweddoli mai Llywelyn oedd wedi'i ladd, wedi cadw ei ben a'i anfon at Edward I yn Llundain. Gorchmynnodd Edward fod y pen yn cael ei roi ar bolyn, a'i arddangos o gwmpas y ddinas. Wedyn, cafodd y pen ei osod ar Dŵr Llundain, lle roedd tad Llywelyn wedi cwympo i'w farwolaeth pan oedd Llywelyn yn ddyn ifanc.

Ni allai neb yng Nghymru gredu'r peth. Llywelyn ap Gruffudd wedi marw? Tywysog Cymru wedi'i ladd? Daeth storm fawr yn fuan iawn ar ôl i Lywelyn gael ei ladd, ac roedd y Cymry'n credu bod y byd yn dod i ben. Roedd hi fel petai Cymru gyfan wedi cael ei bwrw i'r llawr.

Llywelyn ap Gruffudd
(Llywelyn ein Llyw Olaf) (1225–82)

Roedd gan Llywelyn ap Gruffudd sawl teitl: Tywysog Aberffraw, Arglwydd Eryri a Thywysog Cymru. Roedd yn fab i Gruffudd ap Llywelyn (t. 50) a Senena. Bu'n rhaid i Lywelyn ymladd â'i frodyr, Owain, Dafydd a Rhodri i ennill eu tiroedd nhw yng Ngwynedd.

1255: Llwyddodd i drechu Owain a Dafydd a chadwodd Owain yn y carchar yng nghastell Nolbadarn am ugain mlynedd.

1256–8: Llywelyn oedd unig reolwr Gwynedd Uwch Conwy. Cipiodd diroedd y Berfeddwlad (rhan fawr o sir Ddinbych a sir y Fflint heddiw) a'r rhan fwyaf o diroedd tywysogion Cymru.

1258: Galwodd Llywelyn ei hun yn dywysog Cymru am y tro cyntaf.

1260au cynnar: Cipiodd lawer o dir yn ardal y Mers.

1267: Gwnaeth Llywelyn gytundeb â'r brenin Harri III yn Nhrefaldwyn (t.54). Cafodd ei gydnabod yn dywysog Cymru ac addawodd dalu 25,000 marc (dros £16,000) i'r brenin am ddeng mlynedd.

1272: Gwrthododd Llywelyn gydnabod y brenin newydd Edward I ar ôl i Harri III farw. Gwrthododd dalu'r arian roedd wedi addo ei dalu hefyd. Cefnogodd Dafydd a Rhodri y brenin Edward a chafodd Rhodri (taid Owain Lawgoch t. 64) diroedd yn Lloegr yn wobr.

1274: Cynllwyniodd ei frawd Dafydd a Gruffudd ap Gwenwynwyn o Bowys i'w ladd. Methodd y cynllwyn a dihangodd y ddau at Edward I yn Lloegr.

1276: Aeth Edward I i ryfel yn erbyn Llywelyn. Llwyddodd i gipio Ynys Môn, oedd yn cynhyrchu llawer o ŷd i dywysog Cymru.

1277: Gwnaeth Llywelyn gytundeb ag Edward I yn Aberconwy (t. 55). Collodd lawer o'i diroedd ond cadwodd y teitl Tywysog Cymru.

1278: Priododd Llywelyn ag Eleanor de Montfort yn eglwys gadeiriol Caerwrangon. Edward I a dalodd am y wledd, ac ef a gyflwynodd y briodferch.

1282: Dechreuodd Dafydd y rhyfel olaf yn erbyn Edward I. Ymunodd Llywelyn ddim yn syth, ond gwnaeth hynny ar ôl i'w wraig Eleanor farw ar 19 Mehefin wrth eni merch, Gwenllïan. Ar 11 Rhagfyr 1282, lladdwyd Llywelyn yng Nghilmeri ger Llanfair-ym-Muallt. Torrwyd ei ben a'i anfon at Edward I yn Llundain. Claddwyd corff Llywelyn yn abaty Cwm-Hir (gweler map t. 42).

Pam roedd Llywelyn ap Gruffudd yn bwysig?

- Llywelyn ap Gruffudd oedd tywysog olaf Cymru – 'ein Llyw Olaf'.
- Ef oedd y tywysog cyntaf a'r olaf i gael ei gydnabod yn Dywysog Cymru gan Loegr.
- Llwyddodd i uno Cymru am gyfnod o dan un tywysog a daeth y Cymry'n fwy ymwybodol eu bod yn un genedl.

Cofeb Llywelyn yng Nghilmeri

Llechfaen Cofeb Llywelyn, Cilmeri

Cytundeb Trefaldwyn 1267

Cestyll Llywelyn
1. Aberffraw
2. Aber
3. Dinas Brân
4. Mathrafal
5. Dolforwyn
6. Dinefwr
7. Caerffili

- Caer
- Penarlâg
- **GWYNEDD Uwch Conwy**
- Is Conwy
- Powys Fadog
- Powys Wenwynwyn
- Cedewain
- Trefaldwyn
- Ceri
- Gwrtheyrnion
- Maelienydd
- Elfael
- Ceredigion
- Buellt
- Aberteifi
- Emlyn
- Cantref Mawr
- Caerfyrddin
- Cantref Bychan
- Brycheiniog
- Afan
- Glynrhondda
- Meisgyn
- Senghennydd
- Gwynllŵg
- Caerleon

Legend:
- 🟢 Tiroedd a reolid gan Llywelyn ap Gruffudd
- 🟡 Tiroedd brenin Lloegr
- 🟣 Tiroedd arglwyddi'r Mers

Cytundeb Aberconwy 1277

ABERCONWY

Caer

GWYNEDD Uwch Conwy

Y Berfeddwlad

Trefaldwyn

Mae'r ddau fap yma'n dangos gymaint o dir a gollodd Llywelyn – a'r tywysogion yr oedd yn bennaeth arnynt – i Harri III, Edward I ac arglwyddi'r Mers. Erbyn Statud Rhuddlan (t.57) yn 1284 (wedi marw Llywelyn) daeth llawer mwy o diroedd Cymru dan reolaeth y Saeson.

Penweddig

Buellt

Aberteifi

Caerfyrddin

Gwenllïan ferch Llywelyn ap Gruffudd
Wedi'r Goncwest, 1283

"Newyddion ardderchog, eich Mawrhydi! Mae Dafydd ap Gruffudd, brawd Llywelyn, wedi cael ei ddal yng Nghastell y Bere a'i ddienyddio yn yr Amwythig."

Diolchodd Edward I i'w was am y newyddion, a chrechwenu. Roedd Dafydd, y gwalch bradwrus, yn haeddu'r cyfan: cael ei grogi, ei ddiberfeddu a rhannu ei gorff yn bedair rhan. Ar ôl cael gwared ar ei frawd, Llywelyn, dim ond am chwe mis roedd Dafydd wedi bod yn dywysog yn y diwedd!

Roedd pethau'n mynd yn wych i Edward. Roedd wedi llwyddo i goncro Cymru, o'r diwedd. Tynnodd y map o'r siroedd newydd allan a'i osod ar y bwrdd o'i flaen. Roedd wedi cael pleser mawr o rannu Gwynedd yn dair sir a Deheubarth yn ddwy sir. Byddai'r Cymry wedi anghofio am eu hen deyrnasoedd ymhen dim o dro.

Roedd ganddo gynlluniau mawr ar y gweill, cynlluniau a fyddai'n costio arian, ond yn werth pob ceiniog. Roedd yn benderfynol o gadw'r Cymry o dan reolaeth. Cestyll, dyna'r ateb. Roedd wedi adeiladu a chryfhau sawl castell o'r blaen – yn Aberystwyth, y Fflint, Rhuddlan a Llanfair-ym-Muallt, ond roedd angen rhagor, yng Ngwynedd yn arbennig. Rhedodd Edward ei fys ar hyd yr arfordir ar y map, o Gonwy i Fiwmares, i Gaernarfon a draw i Harlech. Ie, byddai'n rhoi ei gynllun ar waith yn fuan iawn.

Cododd Edward ddarn o fara oddi ar ei blât arian. Roedd yn cael blas mawr bob dydd wrth fwyta o'r plât yma, oherwydd roedd wedi'i wneud o arian Llywelyn. Gwenodd Edward wrth feddwl am yr holl drysorau a gafodd o Wynedd, coron Llywelyn wrth gwrs, a'r Groes Naid. Roedd hi'n hardd iawn, yn llawn gemau ac, yn bwysicach na dim, yn cynnwys darn o'r Groes y bu farw'r Iesu arni.

Ond roedd ganddo un broblem. Prif drysor Cymru gyfan, Gwenllïan, merch Llywelyn ap Gruffudd. Roedd Edward wedi ei chipio ar ôl i Lywelyn gael ei ladd. Bellach, roedd hi yn y llys, yn faban bach blwydd oed. Allai Edward ddim llofruddio plentyn, ond roedd rhaid gwneud yn siŵr na fyddai hi byth yn priodi a chael meibion. Doedd e ddim eisiau gweld tywysog arall o Gymru'n arwain gwrthryfel yn ei erbyn.

Galwodd ar un o'i wŷr doeth a gofyn am ei gyngor. Beth ddylai wneud â'r ferch fach?

"Dim problem o gwbl, eich Mawrhydi," meddai'r gŵr doeth. "Mae lleiandy draw yn Sempringham, yn swydd Lincoln. Anfonwch hi yno. Ddaw neb byth o hyd iddi. Fe fydd hi'n ddigon pell o Gymru ac yn ddiogel y tu ôl i'r waliau cerrig uchel."

"Ardderchog," meddai Edward. "Dyna wnawn ni, yr wythnos hon. Chaiff hi byth ddysgu Cymraeg, wrth gwrs, dim ond Saesneg a Lladin. Fe fyddai ei thad, Llywelyn, yn troi yn ei fedd petai'n gwybod!" A chwarddodd Edward lond ei fol.

Ganwyd Gwenllïan ym mis Mehefin, 1282. Bu farw Eleanor, ei mam, wrth roi genedigaeth iddi. Roedd yn chwe mis oed pan laddwyd ei thad, Llywelyn ap Gruffudd. Cafodd ei chipio gan Edward I, brenin Lloegr. Doedd Edward I ddim eisiau i ragor o feibion gael eu geni i deulu Llywelyn ap Gruffudd, felly anfonodd Gwenllïan i fod yn lleian ym mhriordy Sempringham yn Swydd Lincoln yn Lloegr.

Roedd Gwenllïan yn un o 200 o leianod oedd yn byw yno. Doedd neb yn gallu ymweld â'r lleianod ac roedd wal o gerrig o amgylch y priordy. Roedd Gwenllïan yn 54 oed pan fu farw.

Er 1993 mae cofeb i Gwenllïan yn Sempringham. Cafodd y gofeb gyntaf ei difrodi. Talp o garreg o chwarel Penmaenmawr yw'r gofeb sydd yno heddiw. Mae'r garreg yn digwydd bod ar ffurf lleian.

Yn 1996 cafodd Cymdeithas y Dywysoges Gwenllïan ei sefydlu. Mae llechen deyrnged iddi ar graig garreg ar gopa'r Wyddfa., a mynydd yn Eryri wedi'i enwi ar ei hôl.

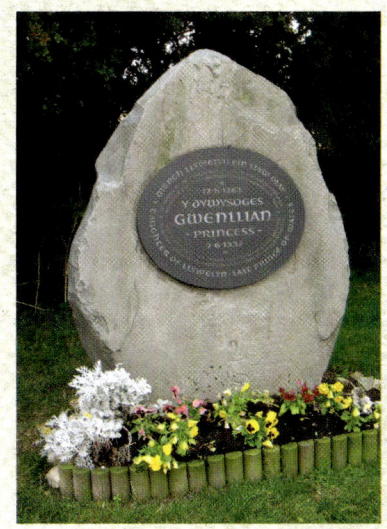

Cofeb Gwenllïan yn Sempringham

Castell Caernarfon

Castell Harlech

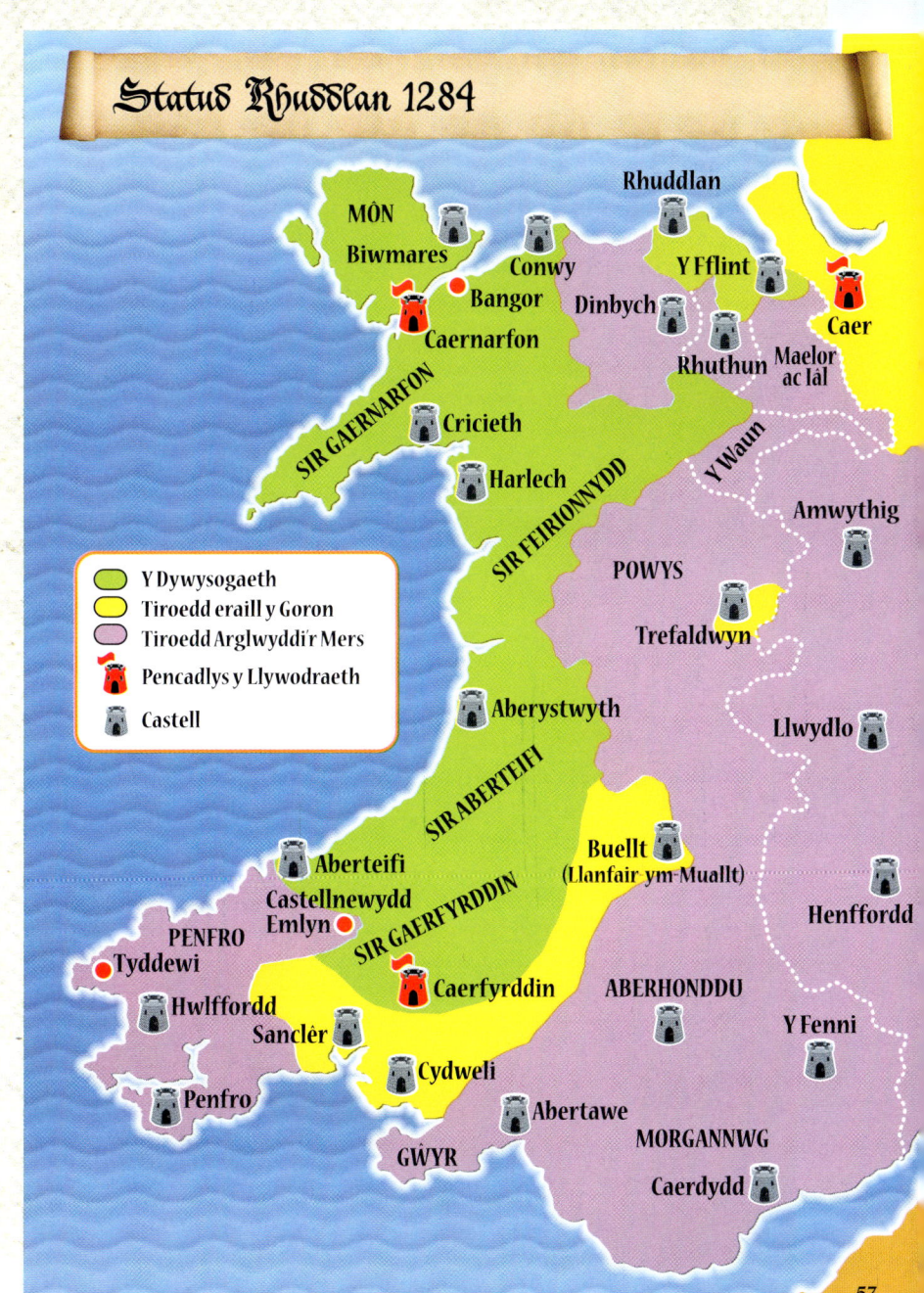

Statws Rhuddlan 1284

- 🟢 Y Dywysogaeth
- 🟡 Tiroedd eraill y Goron
- 🟣 Tiroedd Arglwyddi'r Mers
- 🔴 Pencadlys y Llywodraeth
- ⚪ Castell

57

Symud o Lan-faes
Ynys Môn, 1301

Diwrnod gwaethaf fy mywyd i hyd yma. A dim ond deuddeg oed ydw i!

Cnoc! Cnoc! Cnoc! Dyna sut cawson ni ein deffro heddiw. Yn fore iawn hefyd. Ac nid dim ond ni, ond y pentref cyfan. Un o filwyr tref Biwmares oedd yno, yn dweud wrthon ni am symud o'r tŷ.

"Be? Symud o'r tŷ? Pryd dach chi eisiau i ni symud?" gofynnodd fy nhad yn gysglyd.

"Dydd Sadwrn!" gwaeddodd y milwr. "Ac os na fyddwch chi wedi symud erbyn canol dydd Sadwrn, fe ddown ni i'ch symud chi!"

"Ond i ble? A pham?" Roedd fy nhad yn dechrau deffro, o'r diwedd.

"Ddim yn bell – tua 12 milltir i ffwrdd, i Niwbwrch, neu Rhosyr i chi'r Cymry," atebodd y milwr yn swta.

"Deuddeg milltir i ffwrdd? Fe fyddwn ni dros wythnos yn symud popeth yno. Beth bynnag, mae gynnon ni dir ffrwythlon iawn yma. Pam dylen ni symud beth bynnag?" Roedd fy nhad yn codi ei lais erbyn hyn.

"Mae gan y brenin gynlluniau. Fe gewch chi weld beth ydyn nhw maes o law. Ond does dim dewis – mae'n rhaid i chi fynd." A rhoddodd y milwr ei law ar ei gleddyf yn fygythiol.

Cymerodd hi ychydig o amser i ni sylweddoli beth oedd yn digwydd. Dechreuodd fy mam a ninnau'r plant i gyd grio a llefain yn uchel. Roedden ni i gyd mor hapus yma. Roedd hi'n dref lewyrchus ac roedd fy nhad yn pysgota o'r porthladd prysur. Pa hawl oedd ganddyn nhw i'n symud ni fel hyn?

"Ro'n i'n amau bod rhywbeth ar y gweill," meddai fy nhad. "Dwi wedi clywed bod Edward I eisiau symud y farchnad a'r ffeiriau oddi yma i Fiwmares. Ac fe fydd Saeson y dref yn cymryd ein tir ni i dyfu cnydau a magu anifeiliaid. Mae'r Cymry wedi bod yn gwrthryfela gormod – yng Nghaernarfon a Chonwy, a nawr maen nhw eisiau i ni symud yn ddigon pell i ffwrdd."

Roedden ni'r plant wedi gwylio'r castell a'r dref yn cael eu codi ym Miwmares dros y blynyddoedd diwethaf. Gwylio'r holl ddynion fu wrthi'n gweithio – mil a hanner i gyd – yn palu'r ffos ddofn, yn cludo'r meini o chwarel Penmon ac yn eu gosod yn eu lle. Saeson oedden nhw i gyd, wedi dod o bob sir yn Lloegr, medden nhw. Gwylio holl gychod y brenin yn cludo pren, plwm a defnyddiau eraill o Gaer. A gwylio'r castell yn cael ei godi – pedwar tŵr mawr ym mhob cornel, a mur trwchus yn eu cysylltu. Rhagfur uchel o amgylch y brif ran, a phorth mawr i amddiffyn y cyfan. Dwi'n cofio gweld y drws mawr trwm yn cael ei osod un diwrnod, a'r barrau haearn ar ei draws. Wedyn, daeth y porthcwlis a'r pigau mawr ar ei waelod, y bont godi dros y ffos, a'r wal uchel o gwmpas y dref i gyd. Cafodd y castell a'r waliau eu gwyngalchu – fel eu bod nhw'n disgleirio yng ngolau'r haul.

Fuodd hi ddim yn hir cyn i'r Saeson i gyd gyrraedd a dechrau byw yn y dref. Wedyn, daeth gorchymyn i ni'r Cymry: roedd hi'n rhaid i un aelod o bob teulu fynd i'r dref bob wythnos i brynu a gwerthu nwyddau. Y Saeson oedd yn penderfynu ar y prisiau, ac yn codi toll arnon ni am bopeth hefyd! Roedd hi'n boendod gorfod cario'r holl nwyddau i'r dref: llaeth, caws, menyn, mêl, ŷd, gwlân a chrwyn, heb sôn am yrru'r anifeiliaid i gyd yno. O'r blaen roedden ni'n prynu a gwerthu ymysg ein gilydd, ond doedd dim hawl gwneud hynny nawr.

Ac yn goron ar y cyfan, roedd rhaid i ni symud – mewn ychydig ddyddiau! Drwy lwc, doedd dim llawer o eiddo gyda ni, ond bu'n rhaid i ni deithio'n ôl a blaen sawl gwaith i nôl y dodrefn, a'r ychydig anifeiliaid oedd gyda ni. Roedd fy mam yn torri ei chalon pan adawon ni am y tro olaf, a gweld y milwyr yn dechrau llosgi'r tai i gyd.

Roedd fy nhad yn cwyno'n arw wrth i ni droi am Niwbwrch, a'r mwg o'n hen gartref yn llenwi ein ffroenau:

"Mae pethau'n mynd o ddrwg i waeth arnon ni. Dim ond Saeson sy'n cael dal swydd neu dir yn y dref. Chawn ni ddim siarad Cymraeg, na chario arfau chwaith. Maen nhw'n dwyn ein tiroedd ni'n araf bach, ac yna'n cerdded y terfyn bob blwyddyn i wneud yn siŵr nad ydyn ni'n eu cael nhw yn ôl. Maen nhw'n ceisio ein gwthio ni allan o'n gwlad ein hunain, ydyn wir."

Druan â 'nhad. A druan ohonon ni i gyd. Mae'r brenin Edward I newydd roi teitl 'Tywysog Cymru' i'w fab, Edward, draw yn Lincoln, Lloegr. Tybed a gawn ni byth dywysog Cymru sy'n Gymro eto? Ers colli Llywelyn ein Llyw Olaf, dydy bywyd ddim wedi bod yn garedig iawn wrthon ni.

Castell Biwmares

Talacharn – cerdded y terfyn

Bydd pobl Talacharn yn cerdded terfyn y dref bob tair blynedd, fel arfer ddiwedd mis Mai. Maen nhw wedi bod yn gwneud hyn ers canrifoedd.

Mae cofnodion y dref yn mynd yn ôl i 1711 ac maen nhw'n sôn am gerdded y terfyn. Ond mae'n debyg fod yr arfer yn llawer hŷn na hynny. Cafodd y dref siartr swyddogol yn 1290 ac mae'r trigolion yn credu bod cerdded y terfyn wedi bod yn digwydd ers y cyfnod hwnnw, o leiaf.

Doedd dim mapiau i'w cael i ddangos pwy oedd yn berchen tir ers llawer dydd, felly roedd pobl yn cerdded y terfyn er mwyn dangos hynny. Tref y Normaniaid oedd Talacharn gyda'r castell trawiadol, felly dyma ffordd y trigolion o ddangos i'r Cymry mai nhw oedd piau'r dref.

Mae terfyn Talacharn yn eithaf hir, rhwng 22 a 24 milltir, ac mae'r daith yn dechrau'n gynnar y bore, am 6.30. Mae'r daith i gyd yn cymryd tua 9 awr felly bydd rhai pobl a phlant yn gwneud rhan o'r daith yn unig.

Codi castell Biwmares

Perchenogion tir a thrigolion Talacharn yn cerdded y terfyn yn 1948

Llywelyn Bren
Gwrthryfela, 1316

"Llywelyn, pam rwyt ti'n edrych mor ddiflas?" gofynnodd ei wraig iddo un bore yn hydref 1315. "Dwyt ti ddim wedi bod yn hapus ers i'r brenin anfon Arglwydd de Turberville i ddod i ofalu am Forgannwg."

"Nac ydw, rwyt ti'n iawn," atebodd Llywelyn, Arglwydd Senghennydd. "Dyn creulon a chyfrwys yw Turberville. Mae wedi bod yn dwyn peth o'm tiroedd. Dwi'n ceisio fy atgoffa fy hunan fy mod i'n lwcus iawn – mae gen i diroedd ar ôl a digon o anifeiliaid, llyfrau a thlysau aur. Ond dyw pethau ddim yn dda arnon ni'r Cymry. Mae Turberville wedi symud Cymry o'r swyddi pwysig, a rhoi ei ddynion ei hunan yn eu lle. Dydyn nhw ddim yn dangos unrhyw gydymdeimlad tuag aton ni'r Cymry." Tawelodd Llywelyn yn sydyn, a rhoi ei ben yn ei ddwylo.

"Beth?" meddai ei wraig yn bryderus. "Beth sydd?"

"Dwi wedi penderfynu bod rhaid gwneud rhywbeth. Rhywbeth pendant. Taro'n ôl, ymladd, gwrthryfela." Cododd Llywelyn ei ben. Roedd yn edrych yn bryderus ond yn benderfynol hefyd.

"O Llywelyn!" meddai ei wraig. "Gwrthryfela! Mae hynny'n gam mawr iawn. Ond dwi'n cytuno, allwn ni ddim byw o dan bawen y Sais fel hyn. Mae'n rhaid i rywun wneud rhywbeth am y sefyllfa, a ti yw Arglwydd mwyaf pwerus yr ardal."

* * *

Yn ystod gaeaf 1315, bu Llywelyn wrthi'n brysur yn cynllunio. Cysylltu â dynion oedd yn fodlon ymladd, casglu arfau – paratoi at ryfel!

Ar 28 Ionawr 1316, ymosododd Llywelyn gyda byddin fawr o 10,000 o ddynion ar Gastell Caerffili. Roedd hwnnw'n gastell cryf iawn, gyda rhagfur mawr a ffos anferth yn ei warchod. Llwyddodd Llywelyn a'i fyddin i gipio'r castell a llosgi'r dref i lawr yn llwyr. Ymlaen wedyn i Fro Morgannwg ac i Gaerdydd – roedd y gwrthryfel yn mynd yn ei flaen yn ardderchog.

Ond wedyn, cafodd Llywelyn a'i fyddin newyddion drwg. Roedd Iarll Henffordd yn arwain byddin fawr o Saeson tuag atynt. Rhoddodd Llywelyn orchymyn i bawb ffoi i fryniau ac ogofâu Morgannwg. Llwyddon nhw i osgoi'r Saeson am rai wythnosau. Ond, yn y diwedd, pan oedd y gelyn yn cau amdanyn nhw yn ardal Ystradfellte, penderfynodd Llywelyn ildio. Aeth ef ei hunan at filwyr Lloegr – doedd e ddim eisiau i'w wŷr ddioddef, roedd hi'n well ganddo farw yn eu lle nhw.

Cafodd Llywelyn ei garcharu yn Nhŵr Llundain am ychydig a chafodd ei eiddo a'i diroedd eu rhoi i goron Lloegr. Roedd rhestr ei eiddo'n cynnwys arfwisg, pâr o fenig metel, tlws aur, deg modrwy aur, llawysgrifau Cymraeg ac un llawysgrif Ffrangeg.

Yn 1318, cafodd ei symud i Gastell Caerdydd. Roedd y brenin, Edward II, yn benderfynol o'i gosbi'n greulon. Roedd rhaid rhoi rhybudd clir i'r Cymry rhag iddyn nhw arwain gwrthryfel arall. Cafodd Llywelyn ei lusgo drwy strydoedd Caerdydd, ei grogi, ei ddiberfeddu ac yna cafodd ei gorff ei dorri'n bedwar chwarter.

Ond roedd Llywelyn Bren wedi cael ei ddymuniad. Chafodd y Cymry eraill ddim o'u cosbi. Fel y dywedodd Llywelyn ei hun:

"Gwell i un dyn farw nag i genedl gyfan drengi [marw] dan y cledd."

Castell Caerffili

Mae'n bosib bod Llywelyn Bren yn orwyr i Ifor Bach (t. 30). Roedd yn Arglwydd Senghennydd ac roedd ganddo lawer o dir ac eiddo yn ucheldir Morgannwg – tua 600 o ddefaid a 1,000 o wartheg. Arweiniodd wrthryfel ym Morgannwg yn erbyn swyddogion y brenin Edward II oedd yn dwyn tiroedd a swyddi oddi ar y Cymry.

Mae'r stori'n rhoi ei hanes o 1315 tan ei farwolaeth yn 1318.

Pam roedd Llywelyn Bren yn bwysig?

♛ Arweiniodd Llywelyn wrthryfel pwysig yn erbyn swyddogion y brenin. Roedden nhw'n ceisio dwyn tiroedd y Cymry ar yr adeg honno.

Newyddion Gwael y 14eg Ganrif

Doedd hi ddim yn hawdd ar y Cymry yn y bedwaredd ganrif ar ddeg. Petai papur newydd yn y cyfnod hwnnw, dyma fyddai rhai o'r penawdau wedi bod:

1317: Tywydd oer a gwlyb, a'r cynhaeaf yn methu eto! Mae'r tywydd wedi bod yn ofnadwy ers tair blynedd nawr, yn oer a gwlyb. Ar ben hynny, mae'r cynhaeaf wedi methu dair gwaith: yn 1315, y llynedd, ac eleni eto! Mae prisiau ŷd yn codi a phob math o fwyd yn ddrud i'w brynu.

1349: Y Pla Du yma o hyd – mwy a mwy o bobl yn marw! Mae traean – ie, un rhan o dair – o holl bobl Cymru wedi marw er 1347, pan ddaeth y pla gyntaf. Rydych chi'n gwybod beth i'w ddisgwyl: mae'r rhai sy'n dioddef o'r pla yn tisian, wedyn mae pothelli mawr hyll a chwyddi du'n codi dros y corff. Mae dau beth yn gallu digwydd ymhen tri neu bedwar diwrnod – rydych chi naill ai'n gwella, neu rydych chi'n troi'n ddu i gyd ac yn marw.

Does neb eisiau gofalu am y cleifion, felly maen nhw'n cael eu gadael ar eu pennau eu hunain i farw. Mae'r cyrff i gyd yn cael eu claddu gyda'i gilydd mewn pyllau mawr.

Mae'r sefyllfa'n wael iawn – does dim digon o bobl i weithio yn y caeau a gofalu am anifeiliaid erbyn hyn. Does neb yn mynd i'r ffeiriau na'r marchnadoedd rhag ofn y byddan nhw'n dal y pla. Mae rhai'n meddwl mai cosb Duw yw'r pla du. Beth ddaw ohonon ni?

Byddai beirdd yr oes yn gwneud gwaith tebyg i ohebwyr heddiw – yn cofnodi newyddion y dydd. Dyma ran o gerdd drist gan Llywelyn Fychan yn sôn am farwolaeth rhai o'i blant o'r pla:

Y nod a ddug eneidiau . . .	[Roedd marc y pla yn cipio bywydau . . .
dwyn Iwan wiwlan ei wedd	cipio Iwan, hardd ei wedd,
ymlaen y lleill naw mlynedd: . . .	oedd naw mlynedd yn hŷn na'r lleill: . . .
dwyn Morfudd, dwyn Dafydd deg,	cipio Morfudd a Dafydd deg,
dwyn Ieuan, llon degan llu,	cipio Ieuan, un hapus ei chwarae,
dwyn â didawddgwyn Dyddgu,	cipio Dyddgu dibryder,
a'm gadaw, frad oerfraw fryd,	a'm gadael innau – dyna dro gwael,
yn freiddfyw, mewn afrwyddfyd.	yn hanner byw mewn byd caled.]

Cerddi Cofnodi

Roedd beirdd Oes y Tywysogion yn llunio cerddi i gofio am ddigwyddiadau pwysig. Mae darllen cerdd am rywbeth yn gallu rhoi darlun da o deimladau pobl ar y pryd. Aeth Ysgol Felinheli ati i ganu am frwydr bwysig a ddigwyddodd yn lleol. Beth am i ti lunio cerdd am rywbeth pwysig sydd wedi digwydd i ti neu dy deulu?

Moel y Don

Mae'r gaeaf gwyn yn cnoi ym Moel y Don
Ond mae hi yn gyfforddus yma, bron:
Mae'r ŷd mewn ysguboriau
A'r felin wrth y tonnau
Ac mae rhyw heddwch bach ym Moel y Don.

Mae'r mwg fel ysbryd du dros Foel y Don,
Pob stordy, tŷ a chist, pob tas fach gron
Dan fflamau noeth y gelyn,
Ac mae holl wlad Llywelyn
Yn ofni poen y llwgu ym Moel y Don.

Mae codi pont ar gychod ym Moel y Don
A rhaffau cryfion sydd am styllod hon,
Mae byddin o farchogion
Yn disgwyl wrth yr afon
Mae'r glannau i gyd yn crynu ym Moel y Don.

Amynedd ydi'r gair ym Moel y Don.
A disgwyl mae pob bwa a gwayw-ffon,
Pan gododd nerth y llanw,
O'r coed y bore hwnnw
Daeth saethau tân y Cymry ar Foel y Don.

Roedd gwaed yn cochi'r Fenai ym Moel y Don
A chiliodd y Normaniaid o Foel y Don;
Mae balchder yn y galon
Mai tarian creigiau Arfon
Sydd wedi cario'r dydd ym Moel y Don.

Blwyddyn 6
Ysgol Felinheli gyda Myrddin ap Dafydd

Mae Moel y Don ar lan afon Menai – gwregys o fôr sydd rhwng Môn ac Arfon. Yn nyddiau Llywelyn ein Llyw Olaf, ymosododd byddin fawr o Saeson ar Fôn a dwyn y cynhaeaf ŷd. Roedd Gwynedd yn dibynnu ar ŷd Môn bryd hynny – dyma sail y dywediad 'Môn Mam Cymru'. Roedd y Saeson yn adeiladu pont o gychod er mwyn i'w marchogion gorau a'u ceffylau pwerus groesi i ymosod ar Arfon. Ond roedd y Cymry yn y coed yn y Felinheli yn effro i hyn ac wedi gollwng cawodydd o saethau a lladd llawer ohonyn nhw. Wrth fynd i banig, a cheisio dianc, boddwyd hanner y fyddin a'u meirch gwerthfawr gan y llanw cryf. Ac roedd Gwynedd yn ddiogel unwaith eto.

Owain Lawgoch
Tywysog yn Ffrainc, 1378

Roedd y wawr ar dorri ar fore arall o haf yn nhref Mortagne-sur-Gironde yn Ne Ffrainc. Doedd Owain Lawgoch ddim wedi cysgu'n dda iawn, roedd hi wedi bod yn rhy gynnes yn ystod y nos. Roedd yn filwr mewn cwmni o filwyr rhydd oedd yn helpu Siarl, Brenin Ffrainc. Ar hyn o bryd, roedden nhw'n cynnal gwarchae ar y dref. Doedd neb na dim yn cael mynd i mewn nac allan ohoni.

Roedd wedi codi'n gynnar, gwisgo crys tenau a mantell ysgafn a mynd i edrych draw ar gastell y dref rhag ofn bod rhywbeth ar droed. Gyda lwc, fe fyddai'r rhai oedd yn y dref yn llwgu cyn hir ac yn ildio i'r brenin.

Un dyn oedd gydag Owain, Albanwr neu Sais o'r enw John Lamb. Doedd e ddim wedi bod yn filwr gyda'r cwmni'n hir iawn. Roedd Owain wedi cymryd ato'n syth gan ei fod wedi dod â neges iddo o Gymru. Roedd Owain wrth ei fodd yn clywed am Gymru, oherwydd Cymro ydoedd, ac nid Cymro cyffredin chwaith. Roedd ei dad-cu, Rhodri, yn frawd i Lywelyn ap Gruffudd, ein Llyw Olaf. Ac roedd neges John Lamb yn un bwysig – roedd Cymru gyfan yn disgwyl i Owain ddychwelyd i Gymru. Roedd pawb yn barod i'w wneud yn dywysog, a dywedodd John Lamb y byddai'n ei helpu.

Fyth ers hynny roedd John wedi bod yn gyfaill mawr i Owain. Byddai Owain yn hoffi sôn wrtho sut roedd wedi ceisio dychwelyd i Gymru ddwywaith o'r blaen. Y tro cyntaf, yn 1369, roedd y tywydd wedi bod yn rhy stormus, a'r ail dro, yn 1372, roedd y brenin wedi cael ei alw'n ôl i weithio drosto pan oedd ar ynys Guernsey. Byddai John yn ei dro'n sôn am sut roedd pethau yng Nghymru: am yr Ail Bla oedd wedi lladd llawer o bobl, am y trethi trymion roedd y Cymry'n gorfod eu talu i'r Saeson ac am y beirdd oedd yn dal i ganu cerddi am Owain yn dychwelyd i Gymru ac yn arwain gwrthryfel.

Doedd dim byd i'w weld yn digwydd yng nghastell Mortagne y bore hwnnw ym mis Gorffennaf. Sylweddolodd Owain nad oedd wedi cribo ei wallt eto. Felly trodd at John a gofyn iddo fynd i nôl ei grib. Safai Owain yn dal a gosgeiddig wrth wylio'r haul yn codi'n araf y tu ôl i dŵr y castell; fe fyddai'n ddiwrnod braf arall.

Clywodd Owain gamau John yn nesáu y tu ôl iddo – roedd wedi dod â'i grib, meddyliodd. Ond nid crib yn unig oedd gan John, ond picell fechan hefyd. Oherwydd nid cyfaill oedd John Lamb, ond rhywun wedi'i gyflogi gan y Saeson i ladd Owain fel na fyddai neb ar ôl i arwain y Cymry. A dyma fe'n trywanu Owain sawl gwaith hyd nes ei fod yn siŵr ei fod wedi'i ladd – fel arall, ni fyddai'n cael ei wobr o ugain punt. Wedyn, dihangodd yn gyflym o lech i lwyn a gadael Owain Lawgoch, etifedd olaf Gwynedd, yn gelain mewn tref yn Ffrainc.

Sêl Owain Lawgoch

Owain Lawgoch
(marw 1378)

Roedd tad-cu Owain, Rhodri, yn frawd i Lywelyn ein Llyw Olaf. Owain Lawgoch (Owain ap Tomos ap Rhodri) oedd yr olaf o linach tywysogion Gwynedd. Cafodd ei eni tua 1340 ond aeth i Ffrainc pan oedd yn ifanc. Pan fu farw ei dad yn 1363, daeth yn ôl i Brydain a gweld bod y Brenin wedi cymryd y tiroedd oedd ganddo yn Lloegr, Llŷn a Mechain. Dychwelodd i Ffrainc a bu'n arwain criw o filwyr oedd yn ymladd am arian dros Frenin Ffrainc. Yvain de Galles oedd yr enw arno. Ceisiodd ddod yn ôl i Gymru yn 1369 i hawlio ei diroedd, ond daeth storm i'w rwystro. Y tro nesaf, yn 1372, cafodd fenthyg llongau ac arian brenin Ffrainc. Aeth mor bell ag ynys Guernsey cyn i frenin Ffrainc alw arno i wneud gwaith arall drosto.

Bu'n rhyfela mewn sawl man cyn cyrraedd Mortagne-sur-Gironde yn 1378. Daeth Albanwr o'r enw John Lamb i ymuno â'r cwmni o filwyr. Roedd wedi cael ei gyflogi gan y Saeson i ladd Owain Lawgoch a gwneud yn siŵr na fyddai'n arwain y Cymry yn eu herbyn. Lladdodd John Lamb Owain ar 22 Gorffennaf 1378. Cafodd ei gladdu yn St Leger ar lan afon Garonne. Ond roedd y Cymry'n dal i obeithio ei fod yn fyw: roedd chwedlau amdano'n cysgu mewn ogof, yn aros am yr alwad i arwain ei bobl.

Yn 2003, digwyddodd seremoni ym Mortagne-sur-Gironde i gofio am Owain Lawgoch. Daeth 2,000 o bobl yno, yn Gymry a Ffrancwyr, i ddadorchuddio cofeb arbennig. Cafodd pridd o Gymru ei roi wrth droed y gofeb, a phlannwyd cennin Pedr o Dyddewi yno.

Cofeb Owain Lawgoch, Mortagne-sur-Gironde

Seremoni dadorchuddio cofeb Owain Lawgoch yn 2003

Adeiladu Catapwlt

Adeg Oes y Tywysogion, roedd catapwlt yn cael ei ddefnyddio i daflu peli tân a chreigiau at bobl ac eiddo. Dyma gatapwlt syml – gallwch ei ddefnyddio i daflu malws melys neu bêl bing pong. Ond **peidiwch byth** ag anelu'r catapwlt at berson arall.

Edrychwch ar y llun wrth ddarllen y cyfarwyddiadau. Bydd angen caniatáu digon o amser i'r glud sychu rhwng camau.

Rhowch ddarn o bren tua **15cm wrth 7cm** ar fwrdd. Defnyddiwch lud PVA i ludio peg dillad pren wrth y darn pren ar ei hyd. Arhoswch i'r glud sychu, yna gludiwch giwb o bren **3cm wrth 3cm** wrth ben agored y peg dillad. Wedyn gludiwch ddarn tenau o bren tua **2cm wrth 19cm** wrth y ciwb. Yna gludiwch dop plastig potel (e.e. potel laeth) wrth y pren tenau, gan adael digon o le ym mhen eithaf y pren i chi allu gwasgu'r pren i lawr â'ch bysedd er mwyn tanio'ch catapwlt.

TARO'R CASTELL – Gweithgaredd catapwlt

Beth am godi castell tomen a beili ar y traeth a defnyddio'ch catapwlt i geisio ei daro?
1. Codi'r castell tywod tomen a beili – Palu ffos ar ffurf cylch, a rhoi'r tywod o'r ffos yn y canol i greu tomen. Ar y domen, codi castell – naill ai drwy ddefnyddio bwced ar ffurf castell neu fwced cyffredin.
2. Defnyddio'r catapwlt i ymosod ar y castell – rhoi darn o wymon neu bêl o dywod gwlyb ar y catapwlt a'i danio. Os bydd y gwymon neu'r bêl dywod yn glanio ar y castell, mae'n cael ei daro ac yn cael difrod. Os byddwch yn llwyddo i daro'r castell 10 gwaith, bydd y castell wedi'i goncro.

Gweithgaredd Gwisgoedd

Beth am greu gwisgoedd i ddynion neu ferched Oes y Tywysogion? Gelli wneud hyn ar bapur neu ar y cyfrifiadur. Mae digon o syniadau yn y llyfr hwn, neu chwilia am ddarluniau ar y we.

Edrych yn ofalus ar y lliwiau sy'n cael eu defnyddio, a'r ffordd y mae lliwiau'n cael eu cyfuno.

Dewis arall fyddai creu gwisg fodern gan ddefnyddio elfennau o wisgoedd cyfnod Oes y Tywysogion. Penderfyna beth yw'r nodweddion amlycaf – e.e. llewys llydan i ferched.

Owain Glyndŵr
Llys Owain yn Sycharth, 1390

Cerddai dau fardd, Iolo Goch a Gruffudd Llwyd, drwy bentref Llansilin ym Mhowys. Roedd hi'n hwyr brynhawn braf o wanwyn cynnar, y coed yn dechrau deilio a'r adar yn trydar a thelori'n hyfryd. Ar eu ffordd i lys Owain Glyndŵr yn Sycharth roedd y ddau; roedden nhw'n mynd i berfformio eu cerddi mewn gwledd arbennig y noson honno.

"Dwi wrth fy modd yn mynd i Sycharth," meddai Iolo Goch. "Mae'n lle mor hardd. Mae adeilad y llys ar ben bryn, a ffos o ddŵr o'i amgylch. Mae'r adeilad ar ffurf croes, fel eglwys, ac mae clochdy iddo hefyd. Teils lliwgar sydd ar y to, cofia, nid gwellt. Ac mae gwydr lliw yn y ffenestri!"

"Rhyfeddol yn wir!" meddai Gruffudd Llwyd. "Dyma'r tro cyntaf i mi alw heibio. Mae'n swnio'n lle modern tu hwnt. Mae Owain Glyndŵr a'i wraig Marged yn gyfoethog, on'd ydyn nhw? Felly maen nhw'n gallu fforddio llawer mwy na'r bobl gyffredin."

"Ydyn, siŵr iawn!" meddai Iolo Goch. "Dydyn nhw ddim yn byw o dan yr un to â'u hanifeiliaid, fel y gweddill ohonon ni'r Cymry! A dweud y gwir, mae llawer o ystafelloedd yn y llys: neuadd fawr, ystafelloedd gwely, cegin, capel, a thŷ bach hyd yn oed. Ac mae digon o gypyrddau derw i gadw dillad, bwyd, llestri ac offer cegin."

"Fe glywais i sôn fod Owain yn bragu ei gwrw ei hun," meddai Gruffudd Llwyd.

"Ydy, wir, cwrw braf ydy e hefyd, does dim syched byth yn Sycharth," chwarddodd Iolo Goch. "Mae'r bara'n flasus tu hwnt – mae'r grawn o'r caeau ŷd yn cael ei falu yn y felin sydd yno. Mae gwinllan a pherllan y tu allan, llyn pysgod a cholomendy. Felly mae digon o fwyd a diod ar gael bob amser," meddai Iolo Goch. "Edrych, rydyn ni'n dechrau agosáu. Weli di'r ceirw yn y parciau?" gofynnodd.

"Gwelaf," atebodd Gruffudd. "A rhyw anifeiliaid bach arall – cwningod!"

"Ie'n wir!" meddai Iolo Goch a oedd yn dechrau teimlo'n gyffrous erbyn hyn. "Wyddost ti, dwi wedi cyfansoddi cerdd arbennig – cywydd – i foli Sycharth, a dwi am ei pherfformio hi am y tro cyntaf heno."

"Ydy Owain yn gwybod yn barod?" gofynnodd Gruffudd.

"Nac ydy, fe fydd y cyfan yn syndod mawr iddo, gobeithio," meddai Iolo. "Llys Owain Glyndŵr yn Sycharth yw'r teitl."

"Mae gen innau gerdd newydd i Owain hefyd," meddai Gruffudd Llwyd. "Cerdd yn sôn amdano fel y Mab Darogan – yr un a fydd yn dod i arwain ein cenedl yn erbyn y Saeson. Dwi eisiau ei atgoffa ei fod yn berson pwysig i ni'r Cymry. Roedd ei rieni'n dod o deuluoedd tywysogion Powys a Deheubarth, wedi'r cyfan. Gan fod Owain Lawgoch wedi cael ei lofruddio, Owain Glyndŵr yw'r person pwysicaf i ni'r Cymry."

"Yn union," cytunodd Iolo Goch. "Rhaid i Owain sylweddoli ein bod ni'n dibynnu arno yn y dyddiau tywyll yma. Felly mae'n bwysig fy mod i'n moli Sycharth ac yn cynnwys pob dim am y lle – sut mae'r drws ar agor bob amser, a bod rhodd i bawb sy'n dod yno."

"Efallai y cawn ni rodd arbennig am ein cerddi," meddai Gruffudd.

"Bosib iawn. Ond edrych, mae'r haul yn dechrau suddo tua'r gorwel. Tyrd, brysia neu fe fydd y wledd wedi dechrau!" meddai Iolo, a chwarddodd y ddau yn llawen.

Sycharth heddiw

Sycharth: Llys Owain Glyndŵr

- Prif Neuadd
- Parc Ceirw
- Porth
- Pont Godi
- Mwnt/Tomen
- Melin Ddŵr
- Bragdy
- Gardd Lysiau
- Barics a Stablau
- Caeau Cnydau
- Cwt Ieir
- Ffos
- Colomendy
- Gwinllan
- Perllan

Cestyll Oes Owain Glyndŵr
(tua 1359–1416)

Roedd Owain Glyndŵr yn Arglwydd ar stadau Glyndyfrdwy (Corwen) a Chynllaith (Powys). Roedd ganddo dir yng Ngheredigion hefyd. Roedd yn perthyn i dywysogion Powys Fadog ar ochr ei dad, a thywysogion Deheubarth ar ochr ei fam. Roedd ei wraig, Marged, yn dod o deulu tywysogion Gwynedd ac yn ferch i Syr David Hanmer, barnwr pwysig.

Mae'n debyg fod Owain wedi astudio'r gyfraith yn Llundain a bu'n ymladd gyda'r Saeson yn erbyn y Ffrancod. Roedd yn eithaf cyfoethog fel mae disgrifiad Iolo Goch o'i lys yn Sycharth yn dweud wrthon ni.

Er bod Owain Glyndŵr yn uchelwr oedd yn edrych fel petai'n hapus yn byw yng Nghymru o dan lywodraeth y Saeson, fe welwn ni yn y tudalennau nesaf nad oedd yn hapus â'r sefyllfa yng Nghymru.

Allwedd:
- Cestyll a gipiwyd gan Owain
- Rhai o gestyll eraill Cymru (daeth llawer ohonynt o dan warchae gan Owain)
- Prif frwydrau'r rhyfel

Lleoedd ar y map:
- Biwmares
- Conwy
- Rhuddlan
- Dinbych
- Y Fflint
- Caernarfon
- Rhuthun
- Dolwyddelan
- Criccieth
- Glyndyfrdwy
- Y Waun
- Harlech
- Sycharth
- Y Trallwng
- Mynydd Hyddgen (1401)
- Trefaldwyn
- Aberystwyth
- Brynglas (1402)
- Castell y Paun
- Aberteifi
- Y Gelli
- Castellnewydd Emlyn
- Cilgerran
- Aberhonddu
- Y Grwsmwnt (1405)
- Dryslwyn
- Hwlffordd
- Caerfyrddin
- Dinefwr
- Carreg Cennen
- Y Fenni
- Talacharn
- Cydweli
- Pwllmelyn (1405)
- Penfro
- Dinbych-y-pysgod
- Abertawe
- Coety
- Caerdydd

yr UTGORN

16 Medi 1400

CYHOEDDI TYWYSOG YNG NGLYNDYFRDWY

Daeth criw o dri chant o Gymry at ei gilydd heddiw yng Nglyndyfrdwy, rhwng Corwen a Llangollen, er mwyn cyhoeddi bod Arglwydd Glyndyfrdwy, Owain Glyndŵr, yn dywysog Cymru. Mae Owain yn dod o deuluoedd brenhinol Powys a Deheubarth, ac mae ei wraig yn dod o deulu brenhinol Gwynedd.

Mae'r myfyrwyr o Gymru sydd ym Mhrifysgol Rhydychen yn cefnogi Owain – yn ddiweddar, cododd y Saeson yn eu herbyn a gweiddi, 'Lladdwch, lladdwch y cŵn Cymreig!'

Mae pawb wedi cael llond bol ar y sefyllfa fel mae hi – mae gwrthryfel ar droed, felly gwylia dy hun, Harri IV!

yn dweud mai fe yw 'proffwyd' y criw. Mae e wedi rhag-weld y bydd Owain Glyndŵr yn arwain y Cymry i fuddugoliaeth wych yn erbyn y Saeson, ac mae Owain yn ei gredu.

Nid oedd llefarydd ar gael ar ran y brenin Harri IV pan gysylltodd Yr Utgorn â'i lys ddoe.

Owain Glyndŵr ger Castell Dolwyddelan

Gwrthryfel Glyndŵr
Y Gwrthryfel yn dechrau! Rhuthun, 18 Medi 1400

"Pam mae'n rhaid i mi gael Reginald Grey yn gymydog?" meddai Owain Glyndŵr wrth rai o'i wŷr un noson yn ei lys yng Nglyndyfrdwy. "Cymydog o uffern yw e!"

Roedd Reginald Grey, Arglwydd Dyffryn Clwyd, wedi bod yn ddraenen yn ystlys Owain ers tro. Roedd y ddau yn gymdogion, ond roedd rhyw helynt byth a beunydd rhyngddyn nhw. Tir oedd asgwrn y gynnen fel arfer.

"Mae wedi bod wrthi'n dwyn fy nhir, unwaith eto!" meddai Owain yn sarrug. "Tir ger Bryneglwys y tro hwn. Mae'r brenin yn gwybod yn iawn mai fi piau'r tir, ond mae wedi gwrthod fy nghefnogi i yn erbyn y Sais diawl!"

Cododd Owain ar ei draed yn ei ddicter. Roedd yn ddyn tal a chryf ac roedd ei lygaid glas yn fflachio. Tynnodd ei law drwy ei farf, a throi at ei ddynion.

"Mae'n bryd rhoi ein cynllun ar waith, wŷr. Fe gaiff y gwrthryfel ddechrau, gan ddysgu gwers i Reginald Grey yng Nghastell Rhuthun ar yr un pryd. Mae hi'n ddiwrnod marchnad yn Rhuthun yfory – fe ymgasglwn ni ychydig y tu allan i'r dref cyn toriad y wawr. Rhowch wybod i bawb a ddywedodd eu bod yn barod i'n helpu."

Yn gynnar fore trannoeth, ymgasglodd Owain Glyndŵr a thri chant o'i wŷr y tu allan i dref Rhuthun. Yn syth ar ôl i'r porth agor, dyma nhw'n ymosod. Rhuthrodd y Cymry i mewn gan gario ffaglau mawr o dân. Cafodd Rhuthun ei llosgi i'r llawr mewn dim o dro a rhedodd y trigolion am eu bywydau. Mae'n debyg mai un adeilad yn unig, 2 Stryd y Ffynnon, oedd yn dal yn sefyll ar ddiwedd y cyrch.

Ychydig iawn o filwyr oedd yn gwarchod y dref, ond roedd mwy yn amddiffyn y castell, a methodd y Cymry fynd i mewn iddo. Ond doedd dim gwahaniaeth am hynny. Aeth y fyddin yn ei blaen i losgi rhagor o drefi'r Saeson yr wythnos honno: Dinbych, Rhuddlan, Fflint, Penarlâg, Holt, Croesoswallt a'r Trallwng.

Cafodd Harri IV dipyn o fraw. Roedd y Cymry wedi bod yn weddol dawel ar ôl i Owain Lawgoch gael ei lofruddio. Roedd wedi gobeithio y bydden nhw'n tawelu ac yn bodloni ar gael eu rheoli gan y Saeson. Penderfynodd fod rhaid iddo fynd â'i luoedd i ogledd Cymru i geisio cadw trefn yno. Cafodd wyth Cymro eu dal a'u crogi. A chafodd corff un – Gronw ap Tudur – ei dorri'n bedwar darn a'u hanfon i bedair bwrdeistref yng Nghymru. Roedd Harri IV eisiau dangos bod y Saeson yn dal eu gafael ar Gymru.

Ond diflannodd gweddill byddin Owain Glyndŵr dros y gaeaf. Roedden nhw wedi cilio i'r mynyddoedd i ddisgwyl am eu cyfle nesaf i ymosod. Roedd Gwrthryfel Glyndŵr wedi dechrau.

Gwrthryfel Glyndŵr
Cipio Castell Conwy – Gwener y Groglith, 1 Ebrill 1401

Ben bore Gwener y Groglith oedd hi, ac roedd cloch eglwys Conwy'n canu. Yn y castell, ymgasglodd milwyr y garsiwn a pharatoi i fynd i'r eglwys ar gyfer gwasanaeth y Pasg. Maes o law, agorodd porth y castell, a dyma'r milwyr i gyd – 50 gŵr arfog a 60 saethydd – yn martsio allan. Ar ôl iddynt fynd, dyma'r ddau warchodwr oedd ar ôl yn mynd ati i gau'r porth yn ofalus.

Ychydig y tu allan i gastell Conwy, roedd criw o 40 o wŷr arfog yn ymguddio. Dau frawd o Sir Fôn oedd yn arwain y criw – Rhys a Gwilym ap Tudur. Gallent weld y porth yn agor . . . ac yna'n cau. Arhosodd pawb nes bod sŵn canu'n dechrau dod o'r eglwys – roedden nhw'n canu'r emyn cyntaf.

"Brysia, dos yn dy flaen at y porth," meddai Rhys ap Tudur wrth un o'r gwŷr oedd yn cario offer saer coed. "Fe fyddwn ni'n union y tu ôl i ti."

Cerddodd y 'saer coed' at y porth, a churo arno.

"Dwi wedi dod i wneud gwaith coed brys yn Nhŵr y Brenin," meddai'r 'saer' yn ei Saesneg gorau. "Fe gefais neges i ddod yma gan y cadlywydd John de Massy."

Edrychodd y ddau warchodwr ar ei gilydd. Doedden nhw ddim wedi clywed gair am hyn. Agorwyd cil y drws: roedd y saer yn edrych yn ddigon gonest ac roedd yr offer i gyd ganddo. Ac efallai'n wir fod angen gwaith ar Dŵr y Brenin; roedd sôn bod Harri IV yn dod i gastell Conwy i aros cyn hir.

"Tyrd i mewn, felly," meddai un o'r gwarchodwyr, ac agor y drws fymryn yn fwy.

"Ymlaen, wŷr, yn enw Owain Glyndŵr!" gwaeddodd Gwilym ap Tudur, a chyn i'r ddau warchodwr sylweddoli beth oedd yn digwydd, rhuthrodd ton o Gymry tuag atynt. Ar ôl i bawb ddod i mewn, bolltiodd y Cymry'r gatiau ar eu hôl, a lladd y ddau warchodwr. Roedd y Cymry wedi meddiannu castell brenhinol Conwy!

Cafodd John de Massy a'i filwyr sioc enfawr wrth ddychwelyd o wasanaeth y Pasg. Roedd baneri brenhinol Harri IV wedi diflannu o'r castell ac, yn eu lle, roedd baneri gwahanol, gyda phedair draig arnyn nhw.

"Baner Owain Glyndŵr," sibrydodd John de Massy. "Fe fydd y brenin yn wyllt gandryll pan glyw e am hyn. Criw bach o Gymry wedi cipio'r castell!"

Daliodd y Cymry'r castell am ddau fis ond, yn y diwedd, doedd dim bwyd ar ôl. Rhoddodd y brenin bardwn i Rhys a Gwilym ap Tudur, a'r hawl iddyn nhw arwain y Cymry o'r castell. Ond roedd un amod. Er mwyn achub 32 o ddynion, roedd yn rhaid rhoi wyth o'r criw i'r Saeson i'w dienyddio.

Roedd wyth o Gymry'n barod i farw dros yr achos. Cawson nhw eu crogi, yn rhybudd i bob Cymro arall oedd yn bwriadu ymuno â'r gwrthryfel. Roedd Harri IV yn gobeithio atal y llif o Gymry oedd eisiau ymuno ag Owain Glyndŵr.

Ond nid dyna ddigwyddodd. Roedd merthyron – dynion oedd yn fodlon rhoi eu bywydau dros yr achos – yn denu ac yn ysbrydoli eraill i fod yn rhan o wrthryfel Glyndŵr. Roedd fflamau'r gwrthryfel yn dechrau gafael yng Nghymru.

Dyddiadur Owain Glyndŵr
1401–09

Hydref 1401
Mae hi wedi bod mor brysur y mis hwn, prin y cefais amser i ysgrifennu. Rwy'n gorfod ffoi o le i le er mwyn osgoi milwyr Harri IV.

Rydyn ni wedi llwyddo i'w hosgoi nhw mewn sawl man. Pan oedden ni'n bygwth castell Harlech, clywson ni fod byddin o 500 milwr o Gaer yn martsio drwy'r Bala ar eu ffordd yno. Felly, penderfynon ni symud ar frys o Harlech. Rhaid bod y milwyr wedi drysu!

Castell Harlech

Mae sôn bod milwyr Harri wedi gyrru'r mynachod o abaty Ystrad Fflur a rhoi ei filwyr a'i feirch yn yr eglwys. Mae'r brenin yn gwybod bod y mynachod yn gefnogwyr brwd i mi, felly mae'n ceisio dial arnyn nhw.

Ar 9 Hydref 1401, cafodd Llywelyn ap Gruffudd Fychan o Gaio, un o'm cefnogwyr brwd, ei ddienyddio yn Llanymddyfri. Roedd y brenin yno i wylio'r cyfan. Druan â Llywelyn! Roedd yn uchelwr hael a dewr, a bydd pawb yn yr ardal yn gweld ei eisiau.

Hydref 1401
Mae'r Saeson wedi pasio deddfau newydd. Maen nhw'n rhai hiliol iawn. Does dim hawliau gan y Cymry bellach. Chawn ni ddim:
- dal swydd bwysig
- cynnal cyfarfodydd
- bod yn aelod o garsiwn castell Seisnig
- noddi beirdd
- gwisgo arfau ar y briffordd nac mewn tref na marchnad
- prynu tir yn Lloegr nac mewn trefi yng Nghymru.

Mae hi'n amlwg fod y gwrthryfel yn cael effaith ar Harri IV!

2 Tachwedd 1401
Heddiw, arweiniais fyddin Gymreig ar gopa'r hen gaer Geltaidd yn Twtil, Caernarfon. Codais faner y ddraig aur yn uchel i bawb yn y castell gael ei gweld. Wedyn, dyma ni'n ymosod ar y dref a'i llosgi. Caeodd rhai o'r milwyr eu hunain yn ddiogel yn y castell, felly methon ni fynd i mewn iddo. Ond llwyddodd un o'm saethwyr i ladd un person pwysig iawn – cwnstabl y castell.

Ebrill 1402
Ar ôl gaeaf tawel, daeth yn bryd i ni daro eto. A dyna lwyddiant a gawson ni heddiw! Cipio Reginald Grey ei hun, Arglwydd Rhuthun a Dyffryn Clwyd, y cymydog o uffern! Roedd rhai o'm gwŷr eisiau ei grogi, ond doeddwn i ddim eisiau gwneud hynny. Mae angen arian arnaf i brynu nwyddau ac arfau. Felly, caiff Reginald fynd yn rhydd cyn diwedd y flwyddyn. Ond bydd rhaid iddo dalu pridwerth mawr – crocbris o ddeg mil marc!

Bryn Glas

22 Mehefin 1402
Cawson ni fuddugoliaeth enfawr ar y Bryn Glas heddiw, ger Trefyclawdd. Dyw clawdd Offa ddim yn bell, ac roedd byddin y Saeson wedi dod draw o swydd Henffordd. Ond roedd rhai Cymry ym myddin y Saeson oedd yn fy nghefnogi i. Buon nhw'n lladd y Saeson oedd yn yr un fyddin â nhw! Roedd cannoedd o Saeson yn gelain ar ddiwedd y frwydr.

Mae gennym un carcharor pwysig iawn – Edmwnd Mortimer. Ar ei dir ef y digwyddodd y frwydr ym Mryn Glas. Mae ganddo nai o'r enw Edmwnd hefyd, ac mae'r teulu Mortimer yn credu mai fe ddylai fod yn frenin ar Loegr. Mae Edmwnd Mortimer ein carcharor wedi gofyn a allwn ni gydweithio yn erbyn Harri IV. Mae pethau'n edrych yn addawol iawn.

Medi 1402
Roedd byddin Harri IV ar y ffordd i ymladd â ni – ond bu'n rhaid iddyn nhw droi'n ôl oherwydd storm fawr. Mae Harri'n meddwl fy mod i'n ddewin – yn gallu rheoli'r tywydd!

Tachwedd 1402
Priododd Edmwnd Mortimer â'm merch Catrin heddiw. Roedd hi'n seremoni wych, a Catrin yn edrych yn hyfryd. Gan fod Edmwnd yn rhan o'r teulu, mae'n siŵr o aros yn deyrngar i mi.

Rhagfyr 1402
Heddiw, cafodd Reginald Grey ei ryddhau. Ond ceisiodd ei weision fy nhwyllo! Daethon nhw â'r pridwerth o ddeg mil marc i mi, a gofyn i mi roi Reginald Grey iddyn nhw.

"Arhoswch funud," meddwn i, "mae rhywbeth o'i le ar yr arian yma, nid rhai go iawn ydyn nhw. Nage'n wir – arian ffug ydyn nhw!"

Y cnafon twyllodrus! Wel, penderfynais ddysgu gwers iddyn nhw yn y fan a'r lle.

"Bydd Reginald Grey yn gorfod aros yma," meddwn i, "os na wnewch chi dalu dwbl y pridwerth – ugain mil marc!"

Diflannodd y gweision am rai oriau, ond daethon nhw'n ôl yn y diwedd – gyda'r ugain mil marc!

Gorffennaf 1403
Mae pethau'n mynd yn arbennig o dda – daeth 8,000 o filwyr gyda mi

i dde Cymru. Yn gyntaf, aethon ni i Aberhonddu, a rhoi'r dref o dan warchae. Ar y trydydd o Orffennaf cyrhaeddais Lanymddyfri, a daeth llawer o uchelwyr y fro i'm cydnabod yn dywysog Cymru. Ymlaen wedyn i Landeilo, a gadewais 300 o wŷr i roi castell Dinefwr a chastell Dryslwyn o dan warchae.

Mae Dyffryn Tywi'n lle gwych iawn – mae digon o fwyd o bob math: gwenith, ffa, mêl, gwin ac ieir hefyd. Mae'r fyddin wedi bod wrth eu bodd yn gwledda yma.

Penderfynais fynd i lawr Dyffryn Tywi ac i Gaerfyrddin. Dydyn ni'r Cymry ddim wedi bod yn rheoli Caerfyrddin ers bron i dri chan mlynedd, ers cyfnod y Normaniaid. Ond ar y chweched o Orffennaf 1403, llwyddodd fy myddin i gipio tref a chastell Caerfyrddin. Erbyn hyn, ni sy'n rheoli castell a thref Castellnewydd Emlyn hefyd.

Yn anffodus, cefais newyddion drwg am fy nghartrefi yn Sycharth a Glyndyfrdwy. Cawson nhw eu llosgi i'r llawr, a chafodd dau o'm cefnogwyr eu lladd.

Hydref 1403
Daeth newyddion da o dref Cydweli – mae Harri Dwn, gyda rhai milwyr o Ffrainc a Llydaw, wedi bod yn ymosod ar gastell Cydweli. Dwi'n gobeithio y cawn ni ragor o help o Ffrainc yn ystod y misoedd nesaf.

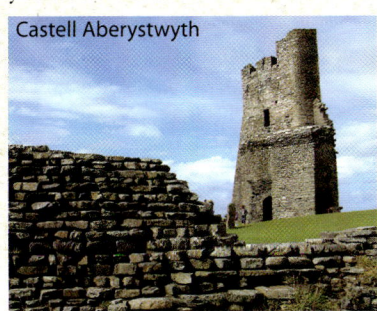

Castell Aberystwyth

Haf 1404
Erbyn hyn, mae fy myddin wedi cipio Aberystwyth a Harlech. Cafodd tref Cydweli ei llosgi eto hefyd. Fy myddin sy'n rheoli'r rhan fwyaf o Gymru erbyn hyn.

Digwyddodd rhywbeth pwysig iawn ym Machynlleth – y cyfarfod cyntaf o'r senedd. Buon ni'n trafod pethau pwysig iawn am ddyfodol Cymru. Fydd hi ddim yn hir iawn nawr nes y byddwn ni wedi gwthio'r Saeson allan o'r wlad i gyd. Wedyn, gallwn ni ddechrau adeiladu Cymru newydd. Dwi wedi penodi canghellor ac ysgrifennydd yn barod. Mae gen i arfbais – pedwar llew tywysog Gwynedd, a sêl gyfrin, un ddigon tebyg i un brenin Lloegr. Mae llun ohonof yn eistedd ar fy ngorsedd ar y blaen, a llun arall ohonof yn marchogaeth mewn helmed ar y cefn.

Digwyddodd rhywbeth anffodus iawn yn y senedd hefyd. Sleifiodd un o'm gelynion, Dafydd Gam o Frycheiniog, i'r cyfarfod. Roedd yn bwriadu fy lladd. Ond cafodd ei ddal a'i daflu allan.

Daeth newyddion gwych o Ffrainc – mae'r Brenin Siarl VI yn bwriadu fy nghefnogi. Gyda'n gilydd, gallwn drechu byddin y Sais. Fe fydd Harri IV yn crynu yn ei sanau!

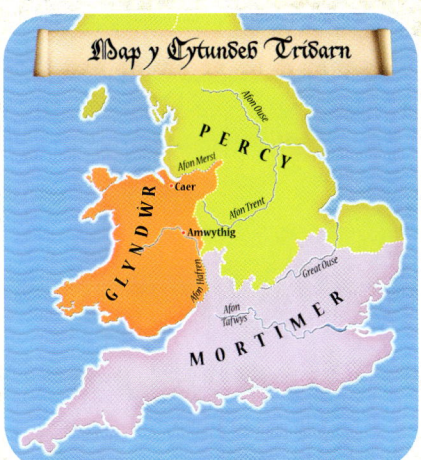

Map y Cytundeb Tridarn

28 Chwefror 1405
Heddiw, bûm ym Mangor. Llofnodais gytundeb pwysig tu hwnt – Cytundeb Tridarn. Mae tri ohonom yn rhan o'r cytundeb – fi, Edmwnd Mortimer, fy mab-yng-nghyfraith a Harri Percy, iarll Northumberland. Ar ôl cael gwared ar Harri IV, rydyn ni'n bwriadu rhannu Lloegr a Chymru'n dair gwlad newydd, fel y mae'r map yn dangos. Bydd hyn yn gweddnewid Prydain.

Dwi wedi gwahodd pedwar dyn o bob cwmwd (t. 19) i ddod i gyfarfod arall o'r senedd – y tro hwn yng nghastell Harlech. Mae angen i ni drafod y dyfodol yn fanwl iawn.

Yn Harlech mae'r teulu i gyd yn byw bellach, Marged fy ngwraig, fy merched a'r wyresau erbyn hyn. Mae'n gartref ac yn llys i mi.

Awst 1405
Mae'r Ffrancod wedi cyrraedd! Glaniodd dwy fil a hanner ohonyn nhw yn Aberdaugleddau. Erbyn hyn maen nhw wedi cipio Hwlffordd, Aberteifi a Chaerfyrddin. Roedden nhw'n mynd i ymladd â'r Saeson y tu allan i Gaerwrangon, ond penderfynon nhw droi'n ôl.

Hydref 1405
Rydyn ni newydd golli brwydr yn erbyn y Saeson – Brwydr Pwllmelyn, i'r gogledd o Frynbuga. Cafodd Tudur, fy mrawd, ei ladd ac mae Gruffudd, fy mab, wedi'i garcharu. Roedd Dafydd Gam yn ymladd ar ochr y Saeson; mae fy ngwŷr wedi addo ei gosbi.

Dwi'n ofni bod y rhod yn dechrau troi yn ein herbyn.

Gaeaf 1408–9
Dydy pethau ddim wedi mynd yn rhy dda i mi yn ystod y blynyddoedd diwethaf yma. Dwi wedi colli llawer iawn o gestyll erbyn hyn, ac mae'r Saeson hyd yn oed wedi cipio Aberystwyth. Dim ond ym Meirionnydd a rhannau o ogledd Ceredigion a Chaernarfon mae'r gefnogaeth yn dal yn gryf.

Dwn i ddim beth ddaw ohonon ni. Mae castell Harlech, ein cartref, o dan warchae erbyn hyn. Mae mil o Saeson wedi bod yma ers y gwanwyn. Mae'r teulu i gyd yn gofidio'n ofnadwy. Mae Edmund Mortimer, gŵr Catrin fy merch, wedi marw. Mae'r gaeafau wedi bod yn galed dros ben i ni. Rydyn ni bron â llwgu a dweud y gwir.

Mae'n bryd i ni ddynion geisio dianc. Fe fydd rhaid i mi adael Marged, fy merched a'r wyresau yma yn y castell.

Wnaf i ddim ildio i'r Saeson. Dwi'n dal i obeithio gallu arwain Cymru i annibyniaeth. Mae gen i ormod o freuddwydion o hyd.

75

Pennal – llythyr at Frenin Ffrainc
31 Mawrth 1406

Pennal, ger Machynlleth,
31 Mawrth 1406

Annwyl Siarl VI, Frenin Ffrainc,

Rydyn ni yn chweched flwyddyn ein teyrnasiad yma yng Nghymru. Diolch yn fawr i chi am eich cymorth yn anfon milwyr i Aberdaugleddau ym mis Awst y llynedd.

Ysgrifennaf atoch i ofyn am eich cymorth unwaith eto. Fel y gwyddoch chi, rydyn ni yng Nghymru yn gorfod dilyn y Saeson sy'n cefnogi'r Pab yn Rhufain. Ond, hoffem ni gefnogi'r Pab Bened, sy'n byw yn Avignon, yn eich gwlad chi. A allwch chi ein helpu i wneud hyn?

Rydyn ni eisiau sefydlu ein heglwys ein hunain yng Nghymru. Bydd Tyddewi'n dod yn ganolfan i Archesgob Cymru a gorllewin Lloegr hefyd.

Ar hyn o bryd, gweision y brenin sy'n cael y prif swyddi yn yr eglwys. Does dim un esgob sy'n gallu siarad Cymraeg, felly maen nhw'n methu siarad â'r bobl. Hoffwn petai'r Pab Bened yn mynnu bod pob offeiriad yn siarad Cymraeg.

A fyddai'r Pab Bened hefyd yn rhoi ei ganiatâd i ni sefydlu dwy brifysgol yng Nghymru – un yn y gogledd, a'r llall yn y de? Does dim un brifysgol yng Nghymru ar hyn o bryd, a rhaid i fyfyrwyr o Gymru fynd i Loegr (Rhydychen neu Gaergrawnt), i Ffrainc (Paris) neu i'r Eidal (Bologna) i gael eu haddysg.

Byddwn yn ddiolchgar iawn petaech chi'n dod â'r llythyr hwn i sylw'r Pab Bened.
Diolch yn fawr

Owain Glyndŵr
Tywysog Cymru.

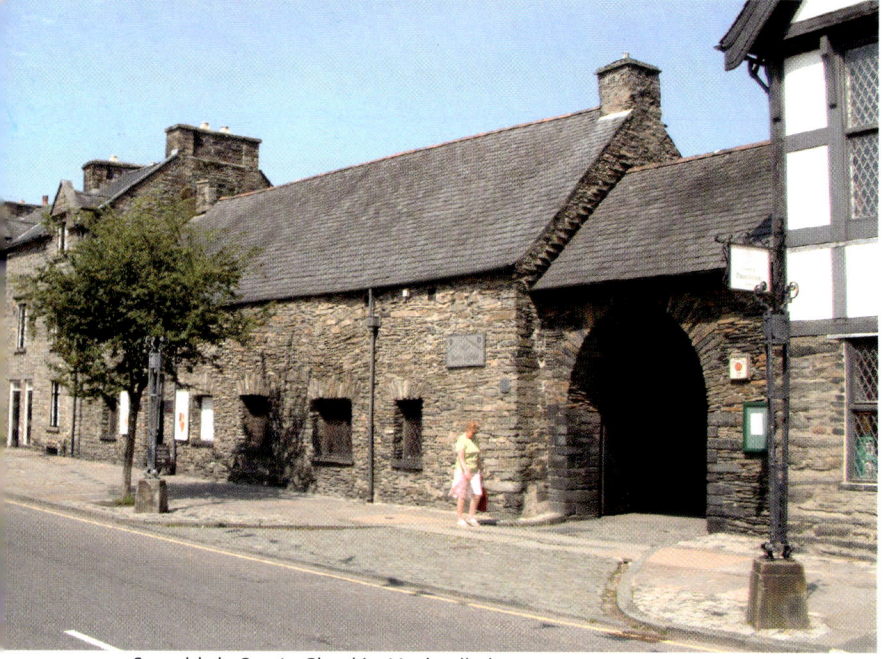

Aros yng nghastell Coety

Un diwrnod yn ystod Gwrthryfel Glyndŵr, ymddangosodd gŵr bonheddig a'i was wrth borth castell Coety, ger Pen-y-bont ar Ogwr. Roedd y gŵr bonheddig yn dal a gosgeiddig; roedd wedi'i wisgo'n drwsiadus dros ben.

Gofyn am lety roedd y gŵr a'i was, ac fe gawson nhw groeso mawr yn y castell gan y perchennog, Syr Lawrence Berkrolles. Yn wir, fe fuon nhw yno am rai dyddiau, gan fwynhau'r bwydydd a'r gwinoedd gorau.

"Diolch yn fawr i chi am eich croeso twymgalon, syr," meddai'r gŵr bonheddig wrth Syr Lawrence. "Ond fe fydd rhaid i mi ymadael heddiw."

"Ydych chi'n siŵr?" meddai Syr Lawrence. "Mae sôn bod Owain Glyndŵr, y gwalch o Gymro, yn yr ardal. Mae milwyr y brenin Harri'n siŵr o'i ddal. Beth am aros ddiwrnod neu ddau'n ychwanegol, i chi gael mwynhau'r hwyl o'i weld wedi'i ddal?"

"Wel, da o beth fyddai dal Owain Glyndŵr," meddai'r gŵr bonheddig. "Rwy'n clywed ei fod yn creu llawer o helynt yn yr ardal yn ddiweddar. Ond mae arna i ofn y bydd rhaid i ni fynd."

Ymhen yr awr, roedd y gŵr bonheddig a'i was wrth borth castell Coety, yn ffarwelio â Syr Lawrence. Rhoddodd y gŵr bonheddig ei law yn llaw Syr Lawrence, ac meddai'n dawel, "Mae Owain Glyndŵr yn rhoi ei law i chi, ac yn diolch yn gywir iawn i chi am y caredigrwydd a gafodd yn hael yn eich castell."

Ar ôl dweud pwy ydoedd, dyma Owain Glyndŵr a'i was yn mynd ymaith gan adael Syr Lawrence Berkrolles yn sefyll yn syfrdan. Yn wir, yn ôl yr hanes, cafodd gymaint o syndod fel na allodd siarad byth wedyn.

Senedd-dy Owain Glyndŵr, Machynlleth

Owain Glyndŵr
Ar y Berwyn, tua 1516

Roedd Abad Glyn-y-groes wedi codi'n fore iawn. Penderfynodd fynd am dro i ben mynyddoedd y Berwyn yn ymyl Llangollen. Roedd hi'n fore braf yng nghanol yr haf, ac roedd yr Abad â'i wynt yn ei ddwrn erbyn iddo gyrraedd y copaon.

Pwy a welai'n crwydro yno, ar ei ben ei hun, ond Owain Glyndŵr. Roedd wedi'i wisgo fel petai'n barod i fynd i frwydr, ei arfwisg yn disgleirio yng ngolau'r haul a'i arfbais yn llachar.

"A! Abad!" meddai Owain wrtho, "yn fore iawn y codasoch chi."

"Nage, yr Arglwydd Owain," atebodd yr Abad, "chi a gododd yn fore – codi gan mlynedd o flaen eich amser." A gyda'r geiriau hyn, diflannodd Owain Glyndŵr.

Beth ddigwyddodd wedyn i Owain Glyndŵr?

Mae'n debyg i Owain Glyndŵr dreulio ei flynyddoedd olaf ar ffo – 'yn cuddio mewn ogofâu ac yn y coedwigoedd ar y mynyddoedd'.

Cafodd ei wraig, Marged, dwy o'u merched a thair wyres fach eu cymryd yn garcharorion. Bu farw Catrin ei ferch a dwy o'i merched hi yn Nhŵr Llundain yn 1413. Maen nhw wedi'u claddu ym mynwent eglwys St Swithin yn Llundain.

Bu farw ei fab, Gruffudd, oedd wedi cael ei gymryd yn garcharor ym Mrwydr Pwllmelyn, Bryn Buga, yn Nhŵr Llundain yn 1411.

Mae'n debyg i Owain ddiflannu ar ŵyl Matthew yn y Cynhaeaf (21 Medi) yn y flwyddyn 1415. Wedi hynny, does dim sôn amdano. Efallai iddo farw tua 1416 yng nghartref Alis, un o'i ferched yn Swydd Henffordd.

Pam roedd Owain Glyndŵr yn bwysig?

♛ Roedd yn arweinydd gwrthryfel hir yn erbyn y Saeson.
♛ Llwyddodd i uno Cymru gyfan am gyfnod.
♛ Roedd ganddo syniadau newydd a modern ar gyfer Cymru. Fel y dywedodd Abad Glyn-y-Groes, cododd Owain Glyndŵr yn fore iawn, yn rhy gynnar i'w oes. Dyma pryd y daeth rhai o freuddwydion Owain Glyndŵr yn ffaith yng Nghymru:
♛ Prifysgolion i Gymru – cafodd prifysgol gyntaf Cymru ei sefydlu yn 1872 yn Aberystwyth, a daeth Bangor a Chaerdydd wedyn yn 1884.
♛ Eglwys i Gymru – yn 1920 y daeth yr Eglwys yng Nghymru yn rhydd oddi wrth Eglwys Loegr.
♛ Senedd i Gymru – cafodd Cynulliad Cenedlaethol Cymru ei sefydlu yn 1999.

Cofeb Corwen

MYNEGAI

abatai 42, 44, 48, 52–3
Aberconwy, abaty 48; Cytundeb 53–4
Aberdaugleddau 75–6
Aberdyfi 8–9
Aberffraw 28, 47–8
Aberhonddu 75
Aberteifi 26, 38, 75; castell 36–8
Abertawe 15
Aberystwyth, castell 56, 75
achau 4, 5, 32–33
Afloeg 6
Alis (merch Owain Glyndŵr) 77
Almer, Edward 32
Amwythig 13, 56; Iarll 22, 24–5; sir 53
Anarawd 15
Anarawd ap Gruffudd 29
Angharad 14, 15
Anglesey 15
arfbeisiau 32–33
Arfon 19, 63
Arglwydd Rhys, yr
  (Rhys ap Gruffudd) 29–30, 35–9
Arthur, brenin 71
Athelstan 18
Avignon 77
Bala, y 74
Baldwin, Archesgob 40–1
Bangor, Eglwys Gadeiriol 9, 24, 52–3
Bardsey 15
barnwr 17
Beibl, Y 16, 40–1
beirdd 37, 62–3, 68–9
Bened, San 44
Benedictiaid 44
Bere, castell y 46–7, 56
Berfeddwlad, y 54
Berkrolles, syr Lawrence 76
Bernica 11
Berwyn, mynyddoedd y 34–5, 77
Biwmares 58–9; castell 56, 58–9; eglwys 48
Bologna 76
Breos, William de (Gwilym Brewys) 48
Brochwel 33
Brodyr Duon, y 44
Brodyr Gwynion, y 44
Brut y Tywysogion 44
Brycheiniog 19, 48, 75
Bryneglwys 72
Bryn Glas 75
Brythoneg 6
Brythoniaid 6,11
Buellt 48
bwrdeistref 26
Cadell 15, 18
Cadfan, eglwys 6
Cadwaladr ap Gruffudd 29
Cadwallon ap Cadfan 10, 11
Cadwallon ap Gruffudd 29
Caeo 28
Caer 22, 23, 35, 74
Caer, Iarll 22, 24
Caerdydd 26, 60–1; Bae 18; castell 30, 60
Caerfyrddin 10, 75; castell 75; sir 19, 28
Caerffili, castell 29, 60–1
Caergaint 40
Caergrawnt, prifysgol 76
Caerloyw 30, 40
Caernarfon 58, 74, 75; castell 56
Caersalem 40
Caerwrangon 76; cadeirlan 53

Cafflogion 6, 7
Cain, Rhys 32–3
Caio 74
Caldey 15
Calzaghe, Joe 39
cantref 19
Cantref Bychan 19
Cantref Gwarthaf 19
Cantref Mawr 16, 19
Cantref Selyf
Cantre'r Gwaelod 19
Carreg Tywyn 6
Castellnewydd Emlyn 75
Cas-wis 26
catapwlt 66
Catrin (merch Owain Glyndŵr) 74, 78
Ceredig 6, 7
Ceredigion 6, 7, 18, 19, 70, 75
cestyll, Cymreig 49, 70; oes Glyndŵr 70; tomen
  a beili 25–7, 66
Cilmeri 52–4
Citeau 44
Clawdd Offa 12–3, 21, 75
Coety, castell 76
cogydd 17, 20
Conwy 15, 58, 73; afon 44; castell 56, 73
Corwen 34, 71, 77
Crach Ffinnant 71
Cricieth, castell 47–8
Cristnogaeth 18
Cristnogion 7
Croes Naid 56
Croesoswallt 11, 34, 72
Crogen 48
Crug Mawr, brwydr 29
crythorion 37
Cunedda (Wledig) 6, 7, 9
Cwm-hir, abaty 52–3
cwmwd 19
Cybi 9
Cydweli 6, 7, 75; castell 28, 75
cyfraith 5, 16–8
Cymraeg, iaith 6, 18
Cynllaith 70
Cynulliad Cenedlaethol Cymru 18, 77
Cynwrig Hir 23
Cytundeb Tridarn 76
Dafydd ap Gruffudd 51–4, 56
Dafydd ap Llywelyn 50–1
Dafydd Gam 75
Deganwy 8, 9; castell 8
Deheubarth 16, 20–2, 29, 35–7, 41, 56, 69, 70
Deiniol sant 9
Denmarc 15
'Dial Rhodri' 15
Dinarth 9
Dinbych 48, 72
Dindaethwy 19
Dinefwr 16; castell 36–7, 75
distain 14
Dolbadarn, castell 47–8, 54
Dolwyddelan, castell 47–8, 71
Don, afon 10
Doncaster 10
Dryslwyn, castell 75
Duffy 39
Dulyn 24
Dwn, Harri 76
Dyffryn Clwyd 72, 74
Dyffryn Tywi 28, 75
Dyfi, afon 8
Eadfrith 10
Edeirnion 6, 7, 22–3

Edern 6, 7
Ednowen Bendew 33
Edward I 52–3, 56, 58–9
Edward II 59–61
Edward Gyffeswr 21
Edwin 10, 11
Eglwys-bach 10, 11
eisteddfod 36
Eisteddfod Genedlaethol 38, 43
Eleanor de Montford *gw. Montford*
Elen ferch Dyfrig 18, 20
Elfed 6
Enlli, ynys 15
Eryri 7, 21
Fad Felen, y 9
Felinheli, y 63
Frankton, Stephen de 52
Ffindir 15
Fflint 72; castell y 56
Ffordd y Saeson 35
Ffrainc, brenin 34
gafael 19
Galanas 17
Garonne, afon 65
Gerallt Gymro (Gerald de Barri) 5, 30, 40–4
Giggs, Ryan 39
Glyn Ceiriog 34–5
Glyndyfrwy 71–5
Glyndŵr *gw. Owain*
Glyn-y-Groes, abaty 45, 77
gof 17
Gogarth, Trwyn y 15
Gravell, Ray 39
Grawys, y 16
Grey, Reginald 72, 74, 76
Grey, Stephen de 40–1
Gronw ap Tudur 72
Gruffudd (mab Owain Glyndŵr) 75
Gruffudd ap Cynan 22–4, 35
Gruffudd ap Gwenwynwyn 52–3
Gruffudd ap Llywelyn 20, 21, 50–1, 54
Gruffudd ap Rhys 28–29, 38
Guernsey 64
Gwendraeth, afon 28
Gwendraeth Fach, cwm 28
Gwener y Groglith 73
Gwenllïan (ferch Gruffudd ap Cynan) 28–9,
  38–9
Gwenllïan (ferch Llywelyn ap Gruffudd) 52–3,
  56–7
Gwent 10, 12, 18, 26
Gwilym ap Tudur 73
Gwilym Goncwerwr 22, 26
Gwion 36
gwisgoedd 67
Gwriad 15
Gwyddelod 7, 16
Gwynedd 6, 7, 10, 11, 13–6, 21–2, 24, 26, 28–9,
  32, 50, 56, 63, 65
Gwynedd Uwch Conwy 48, 54
Gŵyr 18, 26
Hafren, afon 21
Hanmer, David 70
Harlech, castell 56, 74–7
Harold o Wessex 21, 26
Harri I 24
Harri II 34–8
Harri III 50–1, 53
Harri IV 71–6
Hastings, brwydr 22, 24, 26
Hatfield Chase, brwydr 11
Hawys 30
Heavenfield 11

Henffordd 74; Iarll 24, 61
Hen Ogledd, yr 6–7
Hendy-gwyn ar Daf 16, 18; mynachlog 38
Holt 72
Horm 15
Huw o Avraches (Huw Dew) 22–4
Hwlffordd 75
Hywel ap Cadell *gw. Hywel Dda*
Hywel Dda 16–9, 30; cyfreithiau 16–9, 30; Gardd Goffa 18
Ifor Bach 30, 61
Ifor ap Meurig *gw. Ifor Bach*
Iolo Goch 68–70
Iwan, Dafydd 39
Iwerddon 7, 11, 22, 24, 42
John, brenin Lloegr 47–8, 51
Lamb, John 64–5
Lincoln 59
Lord, Peter 18
Llanandras 13
Llancarfan 9
Llandeilo 76
Llandudoch, abaty 44
Llan-faes 58
Llanfair-ym-Muallt 52, 54; castell 56
Llangollen 17
Llanilltud Fawr 9
Llanrwst 47
Llanrhychwyn 44
Llansilin 68
Llanymddyfri 19, 75–6
lleianod 42–4
Llowarch ap Brân 33
Llundain 18, 53–4; Tŵr 50–1, 53, 60, 77
Llwyd, Gruffudd 68
Llychlynwyr 15, 21, 24, 26
Llŷn 6, 7, 65
Llythyr Pennal 77
Llywelyn ap Gruffudd (Ein Llyw Olaf) 2, 5, 35, 44, 48, 51–7, 59, 63–5
Llywelyn ap Gruffudd Fychan 74
Llywelyn ap Iorwerth *gw. Llywelyn Fawr*
Llywelyn ap Seisyll 20, 21
Llywelyn Bren 30, 60–1
Llywelyn Fawr (Llywelyn ap Iorwerth) 33, 35, 39, 46–8, 50–1
Llywelyn Fychan 62
Louis VII 34
Mab Darogan, y 68–9
Machynlleth, senedd 75
Madog ab Ioan 20
Maelgwn ap Gruffudd 28
Maelgwn Gwynedd 8, 9, 11
maenol 19
Maenorbŷr 42
Maes Gwenllïan 28–9
Malcolm, Brenin yr Alban 35
Manaw Gododdin 6, 7
Manordeilo 16
Marged (gwraig Owain Glyndŵr) 75, 77
'Marwnad Llywelyn ap Gruffudd' 53
Massy, John de 73
Matthews, Cerys 39
Maurice de Londres 26
Mechain 65
Meigen, brwydr 10, 11
Meirion 6, 7
Meirionnydd 6, 7, 77
Menai, afon 63
Merfyn Frych 15
Mers, y 22, 24–6, 52, 54
Mersia 10–3, 15, 21
Moel y Don, Brwydr 63

Môn (Ynys) 6, 7, 19, 63, 73
Montford, Eleanor de 52–3, 57
Morgan ap Gruffudd 28
Morgannwg 18, 26, 60–1, 76; Bro 61
Mortagne-sur-Gironde 64–5
Mortimer, Edmwnd 74–5
mynachod 41–2, 44, 74
mynachlogydd 42, 47
Mynydd Carn 24
Mynydd Hyddgen 74
Mynydd y Garreg 28, 39
Nedd, afon 40
Nefyn 24
Nest 30, 40
Niwbwrch 58
Normandi 26
Normaniaid 22, 24–6, 28–31, 39, 42, 59, 63, 75
Norseg 15
Norseman 26
Northumbria 10, 11
Norwy 15
Offa 12, 13
offeiriad 14
Ongull 15
Osfrith 10
Oswallt 11
Owain ap Gruffudd 51–3
Owain ap Llywelyn 50
Owain Glyndŵr 2, 5, 32, 35, 68–77
Owain Gwynedd 29, 34–5, 38, 48
Owain Lawgoch (Owain ap Tomos ap Rhodri) 54, 64–5, 68, 72
Pab, y 18, 34
Pab Bened 76
Padarn Beisrydd 6
paganiaid 7, 15
Paris 40, 42, 77
Pasgen 33
Patagonia 18
Penarlâg 35, 72
Penda 10, 11
Penfro, castell 27, 31; sir 19, 22, 24, 26
Peniarth 18
Penllyn 19
Penmaenmawr 57
Pennal, llythyr 76
penteulu 14
Percy, Harri 76–7
pibyddion 37
Pla Du, y 62
Porth Clais 22, 24
Powys 12–5, 21, 54, 68
Powys Fadog 70
Pumlumon 74
prifysgolion Cymru 77
Pwllmelyn, brwydr 76–7
Ramsey 15
Ramsey, Aaron 39
Riryd Flaidd 33
Robert o Rhuddlan 22
rhandir 19
Rhaglan, castell 31
Rhagnell 24
Rheged 6
Rhodri ap Gruffudd 51–3, 64–5
Rhodri Mawr 14–5, 18
Rhondda Cynon Taf, cyngor 32
Rhos 10
Rhosyr 58–9
Rhug 22
Rhuddlan 21, 72; castell 56; Statud 57
Rhufain 18, 42
Rhufeiniaid 6, 8

Rhufon 6
Rhufoniog 6
Rhuthun 72, 74; castell 72
Rhydychen 34; prifysgol 71, 76
Rhys ap Gruffudd *gw. Arglwydd Rhys*
Rhys ap Tewdwr 24, 29, 41
Rhys ap Tudur 73
St Leger 65
St Swithin, eglwys 77
Sacsoniaid 6, 15
Saladin 40
San Steffan 18
Seisyllwg 14, 15
Sempringham 57
Senena 50, 54
Senghennydd 30, 60–1
Sgomer/Skomer 15
Siambr Hywel 18
Siarl, Brenin Ffrainc 64
Siarl VI, Brenin Ffrainc 75–6
Sistersiaid 44
Siwan 46–8, 51
Skokholm 15
Skomer *gweler Sgomer*
Sveinn 15
Swansea 15
Sweden 15
Swords, mynachlog 24
Sycharth 68–70, 75
Talacharn 59
Talyllychau, abaty 38, 44
Tangwystl 51
telynorion 37
Traeth Maelgwn 9
Trahaearn 22, 24
Trallwng, y 72
tref 19
Trefaldwyn, Cytundeb 54–5
Trefriw 46–7
Trefyclawdd/ Trefyclo 13, 75
Tudur (brawd Owain Glyndŵr) 75
Turbeville, Arglwydd de 60
Twtil 74
Tyddewi 22, 24, 77; eglwys gadeiriol 38, 42
tyddyn 19
Woodstock 35
William, Iarll Caerloyw 30
Williams, Shane 39
Wyddfa, yr 57
ynad 14
Ynys Bŷr 15
Ynys Ddewi 15
Ysgifrith, castell 31
Ystradfellte 60
Ystrad Fflur, abaty 38, 40–1, 44, 74
Ystrad Tywi 18

Argraffiad cyntaf: Medi 2009
© y testun: Gwasg Carreg Gwalch ac Elin Meek
© y cerddi: yr awduron 2009

Cedwir pob hawl.
Ni chaniateir atgynhyrchu unrhyw ran o'r cyhoeddiad hwn, na'i gadw mewn cyfundrefn adferadwy, na'i drosglwyddo mewn unrhyw ddull na thrwy unrhyw gyfrwng, electronig, electrostatig, tâp magnetig, mecanyddol, ffotogopïo, recordio, nac fel arall, heb ganiatâd ymlaen llaw gan y cyhoeddwyr, Gwasg Carreg Gwalch, 12 Iard yr Orsaf, Dyffryn Conwy, Cymru LL26 0EH.

Rhif Llyfr Safonol Rhyngwladol: 978-1-84527-225-8

Cyhoeddwyd gan Wasg Carreg Gwalch, 12 Iard yr Orsaf, Dyffryn Conwy, Cymru LL26 0EH.
ffôn: 01492642031
ffacs: 01492641502
e-bost: llyfrau@carreg-gwalch.com
lle ar y we: www.carreg-gwalch.com

Testun
Elin Meek

Golygydd
Gordon Jones

Ffotograffau
Myrddin ap Dafydd 3, 6, 8-9, 12-3, 15-8, 23, 26, 29, 35-6, 38-40, 44-5, 47-9, 51, 53, 57-8, 61, 64-5, 73-7
Clybiau Ffermwyr Ifanc Cymru/Dimitris Legakis
 Photography 43tch&gch
Lyn Léwis Dafis 57 (Cofeb Gwenllïan): 64
Helen Emanuel Davies 43gdd
© Rachel Devine: prif lun clawr (www.ageoftheprinces.co.uk)
© Charles Hewitt/Picture Post/Getty Images 59
© Llyfrgell Genedlaethol Cymru (Peniarth 28) clawr, 18; (Rholyn Ach Edward Almer) 32
Elin Meek (catapwlt) 66
Photolibrary Wales/Keith Morris (Duffy) 39
Photolibrary Wales (Joe Calzhage; Ryan Giggs) 39
S4C/J.O. Roberts 5 (Owain Glyndŵr); 71

Lluniau
Graham Howells 1, 7-9, 14, 16-7, 19-23, 28-9, 32-3, 37, 41, 46, 52, 56, 60, 63-4, 69, 72, 77
Robin Lawrie 10, 12-13, 15, 24, 26-7, 30, 34, 40, 44, 50, 59, 62, 66-7, 68-9
Dai Owen 31, 45

Mapiau a siartiau
Charles Britton 2, 4, 5, 6, 11, 13, 19, 25-6, 42, 49, 54-5, 57, 70, 75

Dylunio
Tanwen Haf

Diolchiadau
Cyngor Rhondda Cynon Taf
Tanwen Haf
Sion Ilar
Lyn Léwis Dafis
Helen Emanuel Davies
Dr John Davies
Gwasg Gomer
Gwyn Jenkins
Dewi Morris Jones
Mared Jones a Helen Edwards, Clybiau Ffermwyr Ifanc Cymru
D. Geraint Lewis
Hefin Mathias
Andrew Meek
J. O. Roberts
Alwyn J. Roberts
Michael Roberts
Sian Williams, Cyngor Sir Gwynedd

Dymuna'r cyhoeddwyr gydnabod cymorth ariannol
Cyngor Llyfrau Cymru